삶 이 풀 리 는 열 쇠

이렇게 하면 풀린다

삶 이 풀 리 는 열 쇠

이렇게 하면 풀린다

1판 2쇄 발행 2018년 4월 5일
1판 1쇄 발행 2016년 5월 10일

지은이 이수훈

펴낸이 이수훈
펴낸곳 꿈꾸는사람들

기획 편집 채영숙
디자인 최영주

출판등록 2011년 11월 24일(제463-2011-4호.)
주소 충남 당진시 수청로139-17 Tel.070.4659.5264
홈페이지 www.jesuscountry.net
이메일 adada7416@naver.com

©이수훈, 2018

ISBN 979-11-85372-10-5 03230

「이 도서의 국립중앙도서관 출판예정도서목록(CIP)은 서지정보유통지원시스템
홈페이지(http://seoji.nl.go.kr)와 국가자료공동목록시스템(http://www.nl.go.kr/
kolisnet)에서 이용하실 수 있습니다.(CIP제어번호: CIP2018009386)」

삶 이 풀 리 는 열 쇠

이렇게 하면
풀린다

이수훈

일러두기
각 본문 내용을 편지글로 요약해 놓았습니다.
편지글 말머리의 빈칸은 읽는 이의 이름을 넣는 곳입니다.

산상수훈은 위대한 설교입니다

산상수훈의 말씀은 천국의 왕으로 오신
예수님의 설교입니다.

그동안 서기관들과 바리새인들은 자기들만의 잣대로
거룩하고 부정한 것들에 대한 거짓된 의를 정하여,
모든 이들이 이것을 본보기로 삼길 원했습니다.

그러나 예수님은 그들과 전혀 다른 말씀으로
천박함과 속임수를 드러내십니다.
참된 의가 무엇인지,
하나님 나라의 법이 무엇이며,
신앙인의 영적 원리가 무엇인지

성령의 도움을 받아 사는 사람들의 생활이
어떠해야 하는지
세밀하게 진리를 선포하고 계십니다.

산상수훈은 어떠한 법보다도 엄격합니다.
예수님께서는 미워하는 마음은 곧,
살인과 같다고 말씀하십니다.
음욕을 품은 마음만으로도 간음한 것이라 하십니다.

심령이 가난하다는 것은 하나님 앞에서
겸손한 사람이라 하십니다.
애통하는 사람은 나의 죄로 인하여 애통할 때,
복된 일이 됨을 말씀해 주십니다.
온유한 사람은 성품이 온유해진 것을 말씀하십니다.

산상수훈은 듣고 지나칠 한 편의 설교가 아닙니다.
산상수훈의 말씀처럼 되어질 때,
복이 따라옵니다.

진정한 복이 있는 길,
그 길을 함께 가보시기 바랍니다.
형통하고 복된 길이 열리게 될 것입니다.

이수훈

contents

가난하여라. 심령이 심히 가난하여라.
그래야 네게 천국이 복으로 주어지고 그곳에서 나를
만날 수 있지 않겠느냐? 그날, 너를 만날 날을 기다리며
나는 진심으로 네가 심령이 가난하여지길 원한다.

the Sermon on the Mount 1

심령이 가난한 자

심령이 가난한 자

예수님께서 산에 오르시자
열두 제자와 많은 무리가 그분의 뒤를
따랐습니다. 수업을 하실만한 적당한
자리를 발견하신 예수님께서는
걸음을 멈추시고
이마에 송글송글 맺힌 땀을 닦으시며
바위에 걸터앉으셨습니다.
열두 제자와 무리도
평평한 자리를 찾아 하나둘 앉기 시작했습니다.
그러자 순식간에

근사한 야외교실 하나가 완성되었습니다.

예수님께서는 아무 말씀 없이

군데군데 앉아 있는 무리를 둘러보셨습니다.

하나같이 저는 자, 정신이 온전치 못한 자,

귀신들린 자, 병든 자, 가난한 자 등

세상에서 소외당한

사람들이 대부분이었습니다.

그간 무시와 차별에 찌들어 마음이 움츠러든

그들은 멍한 시선으로

예수라는 젊은 능력자를 바라보았습니다.

기적을 행한다는 마지막 희망이

될 그분을 말입니다.

예수님은 온화한 미소로

그들 한 사람 한 사람과 눈을 맞추셨습니다.

어디서든 천대받아왔던 그들은

그분의 온화한 표정에 경계를 풀고

비로소 안심했습니다.

"너희 같은 보잘것없는 인간들이 감히

하나님의 말씀을 들을 자격이 되는가?

14

썩 꺼져라!" 하며 내쫓기면 어쩌나
내심 걱정했기 때문입니다.
그러나 역시 그분은 소문대로였습니다.
얼굴을 잔뜩 일그러뜨리며
비웃지 않고 인자하게 웃어주셨습니다.
버러지 취급당하며 경멸의 시선은
신물 나도록 받았지만,
자신들을 향해 웃어주는 사람을 만나지 못했던
그들은 그 순간만큼은
자신들이
특별한 존재로 느껴졌습니다.
아니 그분은
특별한 존재로 여기시는 것 같았습니다.

드디어 예수님께서 입을 여시고
무리는 그분의 말씀에 귀를 기울였습니다.
오늘의 주제는 천국의 비밀이었습니다.
그것은
곧 팔복을 받는 길이며
그 첫째 비밀은 이것이었습니다.

심령이 가난한 자는 저희가 복을 받을 것이니
저희가 천국을 받을 것임이요

사람들이 생각하는 복은 주로
현상적인 복입니다. 물질을 많이 소유하거나
돈을 잘 벌거나 어느 분야에서 성공하고
하는 일마다 성취감을 맛보는 사람을
복 받은 사람이라고 생각합니다.
그러나 예수님께서 말씀하신 복은
천국을 말씀하십니다.
천국은 어떤 곳입니까?
그곳은 이 세상처럼 서럽거나 억울하거나
슬퍼서 눈물지을 일이 없는 곳입니다.
질병 때문에 고통스럽지도
죽음을 걱정해야 하는 곳도 아닙니다.
물질 때문에 죽고 죽이는 끔찍한 곳도 아니며
서로 차별하고 미워하고 할퀴고
저주하는 곳도 아닙니다.

오로지 찬송과 감사와

사랑과 평화와 기쁨이 가득한 곳,

영원한 생명을 누리는 곳입니다.

이렇게 세상과 비교할 수 없는 아름다운 천국을

심령이 가난하면

받을 수 있다고 하셨습니다.

그러나 우리는 심령이 가난하려 하기보다

어떻게든 삶의 환경이 바뀌어

이 땅에서 잘 살기만을 더 바라고 있습니다.

어떻게 하면 돈을 더 많이 벌까?

어떻게 하면 좀 더 큰 집, 좋은 차를 탈까?

이런 것을 더 고민합니다.

연봉이 높고 각종 혜택이 주어지는 직장이라면

주일에 출근하는 곳이라도 마다치 않습니다.

그것이 나를 행복하게 해주고

나를 지켜줄 것이라 믿기 때문입니다.

이것은 하나님을 의지하는 것이 아니라

돈을 의지하고 있다는 증거가 됩니다.

혹은 학벌, 배경, 권력을 의지하는 것도

마찬가지입니다.

가난하다는 것은
누군가의 도움을 받지 않으면 살 수 없거나
굉장히 부족한 상태를 말합니다.
가난하면 제약이 많습니다.
할 수 있는 것보다 할 수 없는 것이
훨씬 더 많습니다.
그래서 사람들은 가난을 지독히 싫어합니다.
그런데 예수님께서는
가난해야 복을 받는다고 하셨습니다.
놀라지 마십시오. 여기서 가난이란
심령이 가난한 것을 말합니다.
심령이 가난하다는 것은
벼랑 끝에 서 있는 듯한 절박한 심정으로
하나님을 붙드는 마음의 자세를
말합니다. 쉽게 말해
'나는 아무것도 할 수 없습니다,
하나님만 의지합니다' 하는 태도 말입니다.

나는 할 수 없고 하나님만 의지하는 사람은
매 순간 나에게 주어진 일과 상황에서

하나님을 철저히 의지하고 은혜를 구합니다.

늘 하나님께 전부를 의탁하고

간절히 도움을 청합니다.

이것이 심령이 가난한 사람의 모습입니다.

예수님은 하나님과 같은

본성을 지닌 분이셨지만

하나님과 동등하게 생각하지 않으셨습니다.

우리와 똑같은 미천한 인간의 모습으로

온전히 하나님을 의지하셨습니다.

하물며 우리가 하나님을

의지하지 않을 수 있겠습니까?

바울은 안질을 앓았습니다.

안질은 보는 사람도 민망하게 눈곱이 끼고

흰자위가 충혈되는 많이 쓰리고 아픈 병입니다.

바울은 그 눈으로

회중을 바라보며 설교했습니다.

상상해 봅시다.

눈곱 끼고 흰자위가 충혈된 눈으로 설교하는

바울과 그를 바라보는 회중을 말입니다.

눈도 고통스럽지만 마음도 불편했을
바울은 세 번 안질을 고쳐달라고
간구했습니다.
그러나 하나님은
바울의 안질을 고쳐주시지 않으셨습니다.
오히려 이렇게 말씀하셨습니다.

고린도후서 12장 9절 말씀
내 은혜가 네게 족하도다 이는 내 능력이 약한 데서
온전하여짐이라 하신지라

바울이 얼마나 낙심했겠습니까?
집에서 놀고먹는 것도 아니고 사역하는데
눈 좀 고쳐주시면 안 되나?
원망 되고 불평도 나오지 않았겠습니까?
그러나 바울은 도리어 크게 기뻐했습니다.
하나님께서 안질을 고쳐주시지 않은
이유를 알았기 때문입니다.
바울은 하나님께서 가난한 심령으로
복음 전하기를 원하신다는 것을 알았습니다.

능력으로 사람들을 고쳐주었을 때

의를 높이 드러낼까, 건강한 육신으로

멋지게 설교하다

사람들에게 칭송받고 우쭐하며 교만해질까

염려되어 장애를 주셨음을 알았습니다.

그래서 육체의 질병 때문에라도

마음을 낮추고 겸손하게

오로지 하나님만을 의지하여

복음 전하기를 원하신다는 것을 알았습니다.

그래서 바울은 더욱 기뻤습니다.

그것은 곧 하나님의 사랑이며

축복이라는 것을 알았기 때문입니다.

그리고 핍박과 고난 속에서

하나님께서 강하게 하실 것을 알았기 때문입니다.

그러므로 바울은

자신의 자랑거리가 될 만한

가문, 지식, 학벌, 시민권 등을

완전히 버렸습니다.

오로지 하나님만을

의지하겠다는 결단을 한 것입니다.

고린도후서 12장 10절 하반절

내가 약한 그 때에 강함이라

바울의 고백처럼 우리는
약할 때 강합니다.
곧 심령이 가난할 때
하나님께서 도우시기 때문입니다.
우리는 약해져야 합니다.
늘 심령이 가난한 상태가 되어야 합니다.
심령이 가난하지 않으면
하나님을 의지하지 않습니다.
의지하지 않으면
하나님께서 돕지 않으십니다.
그럼에도 모든 일에 있어 승승장구할지라도
나에게 유익은 아닙니다.
교만함으로 하나님까지 무시하는
무서운 죄를 범할 수 있기 때문입니다.
하나님께 맡기십시오.
그분께 믿고 맡기는 것,
그것이 곧 심령이 가난한 자의 마음입니다.

존경하는 목사님이 계십니다.

그분은 열악한 환경에서 성도가 몇천 명이나

되는 교회로 부흥을 일으키신 분입니다.

주위에서 다들 목회에 성공했다며

너도나도 칭찬을 아끼지 않았습니다.

그러니 얼마나 기분이 우쭐하고

목에 힘이 들어가겠습니까?

하지만 그분은 겸손하셨습니다.

그럴 수밖에 없도록 가시를 통해 낮아지는

훈련을 받았기 때문입니다.

그분에게는 바울처럼 가시가 하나 있었습니다.

그 가시는 바로 아들이었습니다.

아들은 공부에 전혀 흥미를 느끼지 못하고

속만 썩이는 아픈 손가락이었습니다.

하는 수없이 외국으로 보냈지만,

그곳에서도 마찬가지였습니다.

공부보다는 다른 곳에 눈을 돌리느라

졸업도 못 하고 세월만 흘러

20대 중반이 되었습니다.

그분은 아들을 생각하면 마음이 무거웠지만
더욱 자신을 낮추고 겸손히 주의 일에
전념하셨습니다. 사람들이 생각하기에는
그 아들이 아버지의 얼굴에 먹칠한
몹쓸 녀석 같겠지만 하나님이 보시기에는
그것이 오히려 복이며 한편으로는
자고 하지 않기 위한 하나님의 처방이
아니었나 싶습니다.
아들 때문에라도
심령이 가난해질 수밖에 없었을 테니 말입니다.
물론 하나님께서는 그분의 아들에게도 뜻하신
일이 분명히 있을 거라 믿습니다.

그리고 또 한 분은 장로님이십니다.
그분은 술과 담배는 기본이요, 귀와 눈썹에
피어싱을 하고 밤새 오토바이를 타고 다니며
도시 전체를 시끄럽게 하는 폭주족을 아들로
둔 분이셨습니다. 아들만 생각하면 얼마나
가슴이 답답하고 화가 났겠습니까.
그러나 그분은 자신이 해결할 수 없는

문제임을 알고 매일 새벽마다

심령이 가난한 자가 되어

하나님께 아들의 문제를 내려놓았습니다.

어느 날 어떤 분이 위로하고자 장로님께 물었습니다.

"아드님 때문에 속상하시지요?"

그러자 장로님이 이렇게 대답하셨습니다.

"아닙니다. 우리 아들은 천사입니다.

내가 하나님을 한시도 떠날 수 없도록

돕는 천사입니다."

이렇게 심령이 가난한 장로님을 아버지로 둔

아들은 어떻게 되었을까요?

폭주족의 무리에서 나와 단정한 모습으로

하나님께 예배하는 아들이 되었습니다.

우리 하나님은 나보다 나의 문제를

더 아파하시며 도우시는 분이십니다.

그러나 우리는 내 힘으로 해결하려고 합니다.

위 두 분처럼 심령이 가난해야 합니다.

"나는 할 수 없습니다. 하나님만이 하실 수

있습니다." 이 고백이 천국 가는

그날까지 끊임없어야 합니다.

나의 심령이 가난한지, 가난하지 않은지
우리는 잘 모릅니다. 그런데 잘 살펴보면
나타나는 증상이 있습니다.
심령이 가난하지 않으면
범사가 못마땅해 불평한다는 것입니다.
그러나 심령이 가난한 사람은
못마땅해 불평하기보다 하나님께 내어놓고
기도합니다. 못마땅해하는 자신의 마음 상태를
들여다보고 이 마음이 하나님
보시기에 선한 마음인지도 헤아려봅니다.
그리고 나는 못마땅하지만,
하나님의 뜻인지 아닌지 여쭤봅니다.
범사가 못마땅하고 불평스러울 때 생각해 보십시오.
심령이 가난한 것이 아니라 부하여
하나님보다 나 자신을 더 높이 평가하고
있는 것은 아닌지 말입니다.

심령이 가난한 사람은 이 세상에서도
행복합니다. 먼저 물어봅니다. 남편 혹은 아내를

바라볼 때 내가 참 결혼을 잘했다는
생각이 드십니까? 더 나아가
내가 과분한 사람과 살고 있다는 마음을
갖고 있습니까? 그 마음을 품고 있다면
당신은 참 복 있는 사람입니다.
남편이 아무리 능력이 없어도,
아내가 지혜롭지 못해도
상대가 귀하고 소중하게 여겨진다면
참 행복한 사람입니다. 그러나 남편이 혹은 아내가
못마땅한 사람은 결코 행복할 수 없습니다.
그곳이 집이든 집 밖이든 말입니다.
남편이나 아내를 귀하게 여겨야 합니다.
나 자신을 높여 배우자를 낮게 여기거나
무시하지 않기를 바랍니다.
나뿐만 아니라 나의 남편이나 아내도
하나님께는 두고 보기에도 아까운 금쪽같은
귀한 존재이기 때문입니다.
우리는 모두 예수님의 핏값으로 산 자들입니다.
그러므로 남편이나 아내를
귀하게 여기지 않는 사람은

교만한 사람이며
심령이 가난한 사람이 아닙니다.

교회 내 어린이집 아이들 재롱잔치를 하는
날이었습니다. 아이들이 대예배실로 이동하는 중에
한 아이를 발견했습니다. 아이는
무리와 떨어져 10m쯤 뒤처져 가고 있었습니다.
자기 몸보다 큰 가방을 메고 가는 아이는
걷는 게 불편해 보였습니다. 왜 그런가 했더니
자기 발보다 두 배는 큰 부츠를 신고 있었습니다.
아이를 불러 신발을 벗겼더니 훌러덩 벗겨지는
것이었습니다. 아이에게 물었습니다.
"네 신발이니?"
"네."
"형아가 준 거야?"
"형아가 준 거 맞아요. 지금은 제 거예요."
"너 이 신발 좋아?"
"네, 좋아요. 괜찮아요."
아이는 걷는 게 불편할 정도로
신발이 컸지만 표정은 밝았습니다.

'왜 나는 새 신발 안 사주고 맨날
형 것만 물려줘서 걷기도 힘들게 하는 거야!'
하는 불평의 기색은
요만큼도 보이지 않았습니다.
그 마음이 너무 예뻐서
계단을 올라가는 아이를 바라보며
신발 한 켤레 사줘야겠다고 생각했습니다.
그런데 우리도 이 아이와 같을 수는 없을까요?
내게 허락하신 가족들, 그리고
그 밖의 모든 상황이 좀 못마땅하더라도
감사할 수는 없을까요?
생각해 보십시오. 자신이 생각해도
과분한 배우자와 살며 감사하는 것과
배우자가 여러모로 연약하지만
하나님께 감사하며 귀히 여긴다면
누가 더 복을 받겠습니까?
물질이면 물질, 학벌이면 학벌, 집안이면 집안,
뭐든 나보다 월등히 나은 배우자와
살면 과분하게 여기지 않을 사람이
어디 있겠습니까?

과분한 것을 과분하게 여기는 사람은
심령이 가난한 사람이 아닙니다.
세상의 잣대로 쟀을 때 평균 이하의 남편이라도
나는 참 과분한 복을 받았다고 겸손히 말하는
자가 심령이 가난한 사람입니다.
자녀들을 바라볼 때도
부모가 될 자격이 없는 내게
하나님께서 귀한 자녀를 주셨음을
감사히 여길 때 그때가
천국의 맛을 보는 시간입니다.
그런데 아이의 출생을 원망하고 책임 전가하는
부모들이 있습니다. 자녀는 하나님께서 주신
선물입니다. 선물을 소홀히 여기면 되겠습니까?
부모에게 소홀히 여김을 받는 자녀가
마음에 기쁨과 행복이 있겠습니까?
하나님께서 선물로 주신 아이의 마음에
상처를 내지 마십시오.
상처를 내는 사람은
심령이 가난한 사람이 아닙니다.
하나님을 주인으로 모시지 않은 사람입니다.

직장에서도 마찬가지입니다.

직장에서 지위가 높을지라도

겸손한 마음으로 자신을 낮게 여기며

최선을 다해야 합니다.

매사 못마땅한 마음으로 출근하는 사람은

회사가 지옥 같습니다. 이런 사람은

마음이 가난해져야 합니다.

자신을 비우고 낮출 때

이 땅에서 천국 같은 기쁨을 맛볼 수 있습니다.

살면서 기쁨이 없다면

심령이 가난한지 부한지 생각해 보십시오.

부하다면 마음이 걷잡을 수 없이

높아져서 죄인의 길에 서고 오만한 자리에

앉아 있을 것입니다.

자신에게 물어보십시오.

"왜 이렇게 마음이 높아졌는가?

내가 무엇 때문에 높아진 것인가?"

높이 올라간 마음을 내려봐 보십시오.

하나님께 너무나 많은 은혜를 받았고

큰 복을 누리고 있다고 깨닫게 될 것입니다.

또한 하나님 없이 된 일은
하나도 없음을 알게 될 것입니다.
'심령이 가난한 자는 복이 있나니 천국이
저희 것임이요'
심령이 가난한 사람은
어떠한 상황에 처하더라도 하나님께 감사드립니다.
작은 것 하나에도 감격하며 기뻐합니다.
심령이 가난한 자가 되십시오.

심령이 가난한 사람은 예배를 통하여
하나님을 만나기를 간절히 원하며 나아옵니다.
기돗거리를 들고나와 간절히 기도합니다.
그런데 사실 우리는 마음이 너무 부유합니다.
그래서 하나님께 별 기대를 하지 않습니다.
그러니 교회에 오더라도
마당만 밟고 돌아갈 뿐입니다.
반드시 무엇 때문에 내 마음이
가난해지지 않는지 스스로 돌이켜 봐야 합니다.
그것이 돈일 수도 있고 사람일 수도 있습니다.

마음을 가난한 곳에 둔다는 것은
겸손한 자리에 있다는 뜻입니다. 오직 하나님만
필요하고 그분께 의지하는 사람입니다.
그것이 몸에 배어있어야 합니다.

텅 빈 예배당 바닥에 방석을 깔아놓고
성도 하나 없이 설교하는 목회자의 심정을
모를 것입니다. 그러는 중에 한 사람이
방석 하나를 채웠을 때의 심정 또한
모를 것입니다. 얼마나 감격스럽고
기쁘고 고마운지를 말입니다.
목회자는 그 한 사람을 보내주신 하나님께
감사하며 소망을 품습니다.
이것이 심령이 가난한 사람의 모습입니다.

아는 개척교회 목사님께서
그분의 딸과 방문했을 때의 일입니다.
대화를 나누는 중에 그분의 딸이 말하길 아빠가
설교를 거푸 두 번이나 했다는 것입니다.

이유를 물었더니 그날 주일 개척하고
처음으로 성도가 10명이나 앉아 있었기
때문이라고 합니다.
너무 감격스럽고 행복해 그만
설교를 신나게 두 번이나 한 것입니다.
이 또한 심령이 가난한 자의 모습 아니겠습니까?
그런데 성도가 많아지면서
"왜 저런 사람이 왔지? 왜 저렇게 볼품없는
사람이 온 거야!"라고 한다면 그때는
가난했던 심령이 부해지게 된 것입니다.
그러나 목회자뿐 아니라, 성도 역시 부족한
사람이든 잘난 사람이든 어떤 사람이든
하나님께서 보내신 사람임을 인정하고 감사하는
심령이 가난한 사람이 되어야 합니다.

시편 50편 22 - 23절 말씀

하나님을 잊어버린 너희여 이전 일을 생각하라
그렇지 않으면 너희를 찢으리니 건질 자 없으리라 감사로
제사를 드리는 자가 내게 영화롭게 하리니
그 행위를 옳게 하는 자가 하나님의 구원을 보이리라

마음이 가난한 사람은
삶의 모든 것에 감사합니다.
숨을 쉬는 것도 감사하고
눈을 깜빡일 수 있는 것도 감사합니다.
예배할 수 있는 것을 감사하고,
아름다운 찬양을 부르는 찬양대가 감사하고,
옆에 앉아 예배하는 성도가 감사합니다.
늘 곁에 있는
남편이 감사하고 아내가 감사합니다.
심령이 가난한 자는
모든 범사를 과분히 여깁니다.
중고라도 자가용을 탈 수 있는 것을 감사하고,
먹을 수 있고 숨 쉴 수 있게 해주시는
하나님께 감사드립니다.
하나님은 은혜와 사랑을 주시는 분이시며
주신 것을 감사할 수 있는 사람에게
더 큰 것을 주십니다. 내 힘이 아닌 하나님을
의지하는 사람에게 복을 주십니다.
심령이 가난한 자가 되십시오.
복으로 그 아름다운 천국을 받게 됩니다.

바울은 안질을 앓았다. 눈곱이 끼고 흰자위가 충혈되는
많이 쓰리고 아픈 병이었지. 그 눈으로 바울은 회중을
바라보며 설교를 했다. 보는 이도 민망한 그 상태로 말이다.
어느 날 바울이 너무 고통스러웠던지 눈의 질병을 위해
세 번 기도하더구나. 그러나 나의 아버지는 바울의 안질을
고쳐주지 않으셨다. 오히려 이렇게 말씀하셨지.
"내 은혜가 네게 족하다. 약한 데서 능력이
온전하여지기 때문이다."
그 순간 바울이 얼마나 낙심했을까. 그러나 바울은 교만하게
다닐 위험을 질병으로 막으신 아버지의 뜻을 금방 깨닫고
도리어 기뻐했다. 그것은 곧 아버지의 사랑이며 축복이라는 것을
알았기 때문이다. 그리고 약한 그때 하나님께서
도우신다는 것도 알았기 때문이다.
그래서 바울이 이런 고백을 하지 않았느냐? 약할 때
나는 강하다고 말이다. 너 또한 약한 그때가 곧

강한 때이다. 네가 약한 그때가 하나님께서 능력을

발휘하시는 때이기 때문이다. 그러므로 네가 해야 할 것은

심령이 가난한 상태가 되려고 애쓰는 것이다.

하나님을 찾고 의지하는 것이다.

너의 심령이 가난한지 부한지 늘 살펴보는 것이다.

심령이 부해졌다면 가난하게 만드는 것이다.

네게도 바울처럼 질병이나 질병 못지않게 처한 어려움이

있을 것이다. 그러나 그것이 심령이 가난해지기 위한

하나님의 장치라면 선물로 여기고 감사하여야 한다.

끝으로 바울처럼 너의 학벌, 부유함, 명예, 권력을 배설물로

여겨라. 그렇지 않으면 하나님을 의지할 수가 없다.

가난하여라. 심령이 심히 가난하여라. 그래야

네게 천국이 복으로 주어지고 그곳에서 나를 만날 수

있지 않겠느냐? 그날, 너를 만날 날을 기다리며

나는 진심으로 네가 심령이 가난하여지길 원한다.✝

너의 그 애통함으로 죽어가는 한 영혼 한 영혼이

회복되어 하나님을 기쁘시게 해드리는 네가 되길 원한다.

그러므로 네가 약속하신 위로의 복을 받길 간절히 원한다.

the Sermon on the Mount 2

애통하는 자

애
통
하
는

자

마태복음 5장 4절 말씀

애통하는 자는 복이 있나니 그들이 위로를 받을 것임이요

전라도 광주에 딸 셋에 아들 하나를
둔 가정이 있었습니다. 형편이 어려운 탓에
딸 셋은 일찍이 공장에서 돈을 벌어
하나밖에 없는 남동생의 학비를 대고
부모도 전답을 팔아
아들을 뒷바라지했습니다.

그런데 이렇게 가족의 헌신 속에
잘 자란 아들이 대학 4학년 때 도서관에서
나오는 중에 총에 맞아 세상을 떠나게 되었습니다.
갑작스러운 비보에
가족들은 망연자실했습니다.
특히 노모의 충격은 이루 말할 수 없었습니다.
심장이 갈기갈기 찢어진 노모는 죽는 순간까지
아들을 묻고 지낼 가슴을 부여잡고
한없이 눈물만 흘렸습니다.
그렇게 물 한 모금 밥 한 순갈도
넘기지 못할 만큼 슬픔에 잠긴 노모는
달이 뜨면 70리 길을 걸어
아들의 무덤을 찾아갔습니다. 그리고는
세월만큼이나 닳은 호미로 무덤을 파고 아들이
평소 좋아하던 음료를 부어주었습니다.
"야야, 니 좋아하는 사이다 사 왔다. 마이 묵으라."
노모는 날이 추워지면 내복을 가져와
무덤에 덮어주었습니다.
그리고는 무덤에 엎드려 거칠한 손으로
아들을 쓰담 듯 무덤을 쓸며

하염없이 울다 집으로 돌아갔습니다.
이 노모의 심정이
산상수훈에서 말하는 애통함입니다.
애통은 헬라어로 '펜데오'라고 합니다.
가슴이 찢어지도록 처절하게 운다는 뜻입니다.
이 애통함이 우리에게 있어야 한다고
예수님이 말씀하시는 것입니다.
그런데 무엇을
애통하라는 말씀일까요?

나를 위해 가슴 찢어지는 심정으로
애통해야 합니다. 누군가에게 배신당하고,
재산을 잃고, 사기당하고, 되는 일이 없을 때
연민에 빠져 원통하라는 말이 아닙니다.
서러운 일을 만나고 억울한 일을 당했을 때
애통하라는 것도 아닙니다.
내가 지은 죄 때문에 애통하라는 것입니다.
마음속에 가득 품은 시기와 질투와 미움을
애통하라는 것입니다.

거짓말을 일삼고 미워하며 원수 맺기 좋아하고
교만하고 오만한 나 자신을
애통하라는 것입니다.
부모와 형제자매와 이웃에게 지은 죄를
애통하라는 것입니다.
그러나 사람들은 억울하게 당한 것 때문에는
애통해하지만 자신이 지은 죄 때문에는
애통해하지 않습니다.
죄를 지은 적이 없는 듯 당한 것만
억울해서 분통 터져 합니다.
우리는 그런 나 자신을 애통해야 합니다.
무엇보다 하나님 앞에
바르게 살지 않음을 직시하고
가슴 치며 애통해야 합니다.
하나님 앞에 바르게 살지 않음은
곧 죄이기 때문입니다.
죄는 헬라어로 '하마르티아'라고 합니다.
'과녁에서 빗나가다'는 뜻입니다.
하나님과 그분의 뜻이 바로 과녁입니다.
이 과녁에서 빗나가는 것이 바로 죄입니다.

로마서 7장 15-17절 말씀

내가 행하는 것을 내가 알지 못하노니 곧 내가 원하는
것은 행하지 아니하고 도리어 미워하는 것을 행함이라
만일 내가 원하지 아니하는 그것을 행하면
내가 이로써 율법이 선한 것을 시인하노니 이제는
그것을 행하는 자가 내가 아니요 내 속에 거하는 죄니라

그러나 우리 속에는 어쩔 수 없는
두 가지 마음이 공존하고 있습니다.
하나는 하나님의 뜻을
이루려 하는 선한 마음이고 하나는
아담으로 인한 원죄가 역사하는 마음입니다.
이 두 마음은
항상 우리 안에서 싸움을 일으킵니다.
그런데 대부분 죄가 나를 사로잡습니다.
죄는 선한 마음을 품고
결단한 것을 실천에 옮기지 못하도록 방해합니다.
부모님께 따뜻하게 대해드리려는 마음과
다르게 차갑고 못된 말들을
쏟아붓도록 합니다.

자녀에게 천사 같은 엄마가 되고자 하는데
작은 실수에도 분노하고
혈기를 부리도록 조장합니다.
이렇게 사사건건 죄는 우리를 지배하고
우리는 우리의 이성과 지식으로 죄를 이겨보려
애를 쓰지만 불가능합니다.
우리의 힘으로는 죄를 이길 수가 없습니다.
오직 예수님밖에 없습니다.

로마서 7장 22-25절 말씀
내 속사람으로는 하나님의 법을 즐거워하되
내 지체 속에서 한 다른 법이 내 마음의 법과 싸워
내 지체 속에 있는 죄의 법으로
나를 사로잡는 것을 보는도다
오호라 나는 곤고한 사람이로다
이 사망의 몸에서 누가 나를 건져내랴
우리 주 예수 그리스도로 말미암아
하나님께 감사하리로다
그런즉 내 자신이 마음으로는
하나님의 법을 육신으로는 죄의 법을 섬기노라

늘 육신이 죄의 법을 섬긴 것을
애통해하는 사람이 되어야 합니다.
그래서 내 죄를 내가 보고,
내 잘못을 내가 발견하고, 내 굽어진 모습을
내가 바로 보고, 내 허물을 볼 수 있는
영적 눈이 열려야 합니다.
영적인 눈이 열리면
나를 바로 보고 죄를 섬긴 나를
애통해할 수 있습니다.
우리가 애통해할 때
하나님의 위로를 받을 수 있습니다.
내가 회복되는 위로를 받습니다.
그뿐 아니라
내 부모와 형제자매와 이웃의 죄에 대해서도
애통해하는 자가 되어야 합니다.
그들이 어떠한 죄를 짓든 비난하고
질타하는 것이 아니라
가슴 찢어지도록 처절하게 우는 심정으로
애통해야 합니다. 그로 인해 그들의 심령이
회복되고 죄로부터 멀어질 것입니다.

예레미야의 두 뺨을 타고 눈물이 흘러내렸습니다.

예레미야 1장 2절 말씀
밤에는 슬피 우니 눈물이 뺨에 흐름이여
사랑하던 자들 중에 그에게 위로하는 자가 없고
친구들도 다 배반하여 원수들이 되었도다

그는 하나님의 영광은 다 사라지고
죄악이 온 세상에 가득하며 가난과 파멸 그득한
세상을 보면서 밤새 애곡하였습니다.
나라를 위해서 말입니다.
지금 이 시대에 예레미야처럼 나라를 위해
밤새 애통할 성도가 있는지 의문입니다.
혹 예수님께서
"너 네 나라를 위해 애통하며 기도하느냐?"
라고 물으신다면 과연 "예!"라고 자신 있게
대답할 수 있는 사람이 몇이나 될지 궁금합니다.

이 땅에는 주일이 되면 성경책을 들고
교회로 향하는 크리스천들이 적지 않습니다.

그러나 교회나 크리스천들이
세상에 아무런 영향을 끼치지 못하는가 봅니다.
죄는 점점 더 기승을 부리고 있습니다.
청소년들은 꿈이 사라지고
더는 손댈 수 없을 만큼 탈선하고 있습니다.
곳곳에서 음란함이 판을 치고
갓 태어난 귀한 생명이
공공화장실에 버려지고 있습니다.
아무런 상관도, 원한 관계도 없는 사람을
무참하게 폭행하고 생명을 빼앗습니다.
서슴없이 부모가 자녀를 죽이고
자녀 역시 부모에게 칼을 들이댑니다.
예전에는 그림자도 밟지 않았던 스승을
빗자루로 때리고 폭언을 퍼붓는
아이들도 있습니다.
우울증으로 자살하고 우울증으로 갓난아기를
질식사시켰다는 소식도 들려옵니다.
이렇게 자고 일어나면 상상할 수도 없던
끔찍한 사건들이 우리를 경악하게 합니다.
세상은 점점 이기적이고 포악해져 갑니다.

비정상적으로 치부됐던 일들이
정상적인 일이 되어가고 정상적인 일들이
비정상적인 일이 되어 거꾸로
눈치를 보는 이상한 세상이 되어가고 있습니다.
교회는 많이 세워지는데 어째서
죄는 줄어들지 않고 날로 더
악랄하고 잔인한 모습으로
이 세상을 삼키고 있는지 모르겠습니다.
우리는 무엇을 하고 있습니까?
악이 집어삼키고 있는 이 세상을 바라보며
과연 가슴 치며 애통해하고 있습니까?
빛과 소금의 역할을 하고 있다고
자신 있게 말할 수 있을까요?
오히려 세상이 돌아가는 대로
둥글게 둥글게 타협하고 눈치 보며 적당히
버무려 살아가고 있지는 않습니까?

예수님께서 우리에게
이렇게 말씀하실지 모르겠습니다.
"도심을 밝히는 곳곳의 십자가를 바라보아라.

그 많은 십자가를 세운 교회와 성도들은
무엇하느냐? 민족을 위하여 고민하며
애통하느냐? 나를 모르는 네 이웃이
사단의 종노릇 하며 지옥을 향해 끌려가는데
어째서 보고만 있느냐!
나를 신실하게 믿었던 성도들이
이단에 빠져 영혼이 피폐해져 가는데
그들을 위해 탄식하며 기도하느냐?
악한 영이 사람들의 심령을 파괴하여
음란하고 잔인하게 이끄는 것에 애통하느냐?
'세상이 말세다, 주님이 오실 때가 되었다'
말만 할 뿐 그들의 심령이 진정으로
안타까운 적이 있느냐? 진정 너희가 나를
믿는 자라 한다면 슬퍼하며 애통해야
하지 않느냐?"라고 말입니다.

애통해하는 것은
단순히 안타까워하는 정도에 그치는 것이
아닙니다. 애통은 위에서 말했듯
아들 잃은 노모와 같은 심정을 애통이라 합니다.

그러나 남을 위해서 가슴 찢어지도록
애통해하기는 쉽지 않습니다.
예수님의 눈으로 바라보고
예수님의 마음으로 느껴질 때 가능합니다.
그러므로 예수님의 눈으로 보고,
예수님의 마음으로 느낄 수 있도록
성령님께 간절히 도움을 청해야 합니다.
성령께서 도우실 때
예레미야처럼 진정한 애통함이
내 안에서 꿈틀거릴 것입니다.
견딜 수 없는 애통함으로
예레미야와 같은 가슴 치는 눈물로
나라를 위해 기도하게 될 것입니다.

이 땅에는 상처에 상처를 안고 살아가는
사람들이 너무나 많습니다.
영혼이 곤고하여
우울증으로 고생하는 사람과 사고로
목숨을 잃거나 장애를 안고

사는 사람도 많습니다. 그들을 바라보는
가족 또한 상처를 안고 살아갑니다.
양식이 없어 배를 곯고 손가락이 굽어
펴지지 않을 정도의 추위와
맞서야 하는 사람도 있습니다.
매 끼니를 라면과 빵으로밖에 때울 수 없는
아이들은 시름시름
마음의 병까지 앓으며 삽니다.
우리는 그들을 어떻게 바라봐야 합니까?
그저 불쌍하게 바라보는 것으로
그쳐서는 안 됩니다. 예수님의 눈과 마음으로
그들을 바라보며 애통해야 합니다.
그것이 옳습니다.
예수님의 눈과 마음으로 말입니다.

느헤미야는 포로로 잡혀간 땅에서
형제 하나니에게 고향인 예루살렘 소식을
전해 들었습니다. 유다에 남겨진 유대인들은
환난과 능욕을 당하고

예루살렘 성벽은 허물어졌다는 소식이었습니다.

이 소식을 들은 느헤미야는

주저앉아 수일 동안 울며

하나님 앞에서 금식하고 기도했습니다.

민족의 불행한 처지를 가슴에 품고 말입니다.

예수님께서도 예루살렘을 바라보시며

탄식하고 애통하셨습니다.

"예루살렘아! 예루살렘아! 선지자들을 죽이고

네게 파송된 자들을 돌로 치는 자여

암탉이 그 새끼를 날개 아래에 모음 같이

내가 네 자녀를 모으려 한 일이 몇 번이더냐

그러나 너희가 원하지 아니하였도다."

우리에게도 탄식하고 애통해야 할

민족이 있습니다. 바로 북녘땅의 우리 동포들입니다.

평양은 동방의 예루살렘이라 불렸던 곳입니다.

그러나 지금은 하나님을 지독히

모독하는 나라가 되었습니다.

하나님을 믿다 발각된 지하 교회 성도들은

수용소에 갇혀 상상을 초월하는 고문을 당합니다.

발끝에서 머리끝까지 불도저가 서서히
밀어버리는 잔인한 방법으로 처형 당하기도 합니다.
집안에서 성경책만 발견되어도
끌려가 모진 고문을 당하는, 세상에서 가장
기독교를 박해하는 나라가 되었습니다.
그런데도 북한의 지하 교회 성도들은
종이에 성경말씀을 적어 돌돌 말아
가슴에 품고 다닙니다.
그렇게 죽을 각오로 하나님을 사랑합니다.
그리고 그분께 예배합니다.
예수님은 그들을 바라보시며
비탄하실 것입니다.
"예루살렘아! 예루살렘아!" 하시며
우셨던 것처럼 "평양아! 평양아!" 하시며
애통해하실 것입니다.
그런데 우리는
그들의 소식을 들으며 애통해합니까?
그들을 위해 기도합니까?
거꾸로 북한의 지하 교회 성도들이
남한의 성도를 위해

기도하고 있다는 소식이 들려옵니다.

종교의 억압과 탄압으로

숨죽여 예배하는 그들이

종교의 자유가 있어 언제든 마음껏

예배할 수 있는 남한의 성도를 위해 말입니다.

크리스천인 어느 탤런트가

집회에서 이런 말을 했습니다.

"지척에서 북한 동포들이 억압과 핍박으로

죽어가는 것을 보면서도 성도들에게

알리지 아니하고 함께 기도하지 않는 이 땅의

크리스천 지도자분들은 회개하십시오.

교회에 성도가

천 명, 만 명, 오만 명, 십만 명인

교계의 어르신 여러분들 회개하십시오.

북한에는 죽어가는 동포는 없고

오직 우리를 해하려는 군인들만 있는 것처럼

무시하고 세뇌하는 이 땅의 크리스천들은

모두 회개하십시오. 회개하십시오!"

북한 동포들은 종교뿐만 아니라

인권유린을 당하고,

굶주려 죽어가고 있으며
탄압과 억압으로 숨조차 편히 쉴 수 없습니다.
그곳에서는 상상할 수 없는
끔찍하고 잔인한 일들이 벌어지고 있습니다.
예수님께서 그들을 바라보며
분명 애통해하실 것입니다.
"나의 백성들이 고통에 신음하며 죽어간다."
그들은 그저 배곯고 자유가 없는
북한 동포가 아니라 하나님의 백성들입니다.
그들의 영혼을 불쌍히 여기고 애통해하는
마음으로 온 힘을 다해 기도해야 합니다.
그런데 예수님의 눈에는
북한 지하 교회 성도들보다
남한의 성도와 교계의 지도자들이
더 불쌍해 보이지 않을까 싶습니다.

지금 시대는 교회 안에 우리끼리 앉아
즐거워할 때가 아닙니다.
깨어 기도할 때입니다.

그런데 교회가 세상과 별 차이가 없는 곳이
되어버렸습니다. 예수님께서
이 땅의 교회를 보시며 뭐라 하실까요?
"마가복음 11장에 나오는 예루살렘의 성전과
다를 바가 무엇이냐. 교회는
겉치레로 건물을 높이고 건물을 높이느라
진 빚에 허덕이다 다른 종교에
팔아넘기는 행위를 한다.
교회가 술을 파는 술집이 된 곳도 있다.
나와는 상관없는 행사를 치르기에 바빠
무엇을 위한 행사인지조차 가늠하기 어렵다.
물론 그 속에 나는 없고
너희의 즐거움만 가득하다. 교회 안에는
사랑보다 질투와 시기로 가득하다.
서로 등지고 이권 다툼으로 교회가 소란스럽다.
내가 기쁘게 볼 수 없는 일들이
교회 안에 범람하고 있다.
나는 이 시대를 밝히는
빛과 소금이 되기를 바라건만
빛을 잃고 맛을 잃은 소금이 되어

세상 사람들에게 밝히고 있음이 애통하다.
썩어가는 교회의 내면을 정확히 보지 못하는
영적 둔함이 애통하다.
나 예수를 잘 믿고 있다고 착각하고 있는
너희의 모습이 애통하다.
기도하지 않는 너희의 모습이 애통하다.
일주일 동안 펼쳐보지 않는
차 안이나 가방 안의 성경책을
바라봄이 애통하다.
성도나 나 예수를 모르는 자들의
영적 신음을 듣지 못하는
너희의 어두운 귀가 애통하다." 하시며
탄식하고 애통해하고 계시지는 않으실까요?

낯선 땅에서 복음을 전하는 선교사들이 많습니다.
그들은 돈과 명예와 편리함을 내려놓고
오지로 들어가 미개한 사람들에게
복음을 전합니다.
입에 맞지 않는 음식을 먹으며,

질병과 싸우며, 때로는
생명의 위협을 받아가며
복음 곧 '예수'를 전합니다.
그 누가 알아주지 않아도 죽음을 무릅쓰고
오직 복음 전하는 일에 목숨을 겁니다.
그들은 왜 그렇게 무모한 짓을 하는 것입니까?
누가 알아준다고요.
무엇이 그들을 목숨까지 내놓고
오지로까지 가게 하는 것입니까?
매 순간 핍박과 궁핍과 죽음과 대치하면서까지
복음을 전하는 이유가 무엇입니까?
애통하기 때문입니다.
'예수'에 대해 들어본 적이 없어
지옥에 갈 수밖에 없는 사람들을
'예수'의 심정으로 바라보기 때문입니다.
이렇게 애통함으로
그들은 위로의 복을 받습니다.
그들에게 위로의 복은 곧 믿지 않았던 자들이
하나님을 믿게 되는 것입니다.
선교사들이 애통한 심정으로

그들에게 복음을 전했을 때
그들이 복음을 받아들이고
예수를 구주로 믿어 천국에 가는 것.
그것이 곧 그들에게 기쁨이고
복이고 위로입니다.
그리고 총과 칼을 든 자들 앞에서
끝까지 믿음을 버리지 않는 순교자들이 있습니다.
말씀을 보지도 전하지도
못하게 눈과 입을 꿰매는 고통 중에도
끝까지 예수를 배반하지 않는
어린아이도 있습니다.
남편이 잔인하게 순교 당했던 그 오지마을에
아들을 선교사로 들여보내는 어머니도 있습니다.
남편이 순교하여 어린아이들과 남겨진
젊은 순교자의 아내도 있습니다.

우리는 이들의 소식을 접할 때
그저 먼 나라에서 일어나는 일, 먼 나라에 가서
복음을 전하다 순교한 사람들로만
생각해서는 안 됩니다.

그들은 나와 상관없는 사람들이 아니라
함께 하나님을 아버지라 부르는
우리의 형제자매입니다.
형제자매인 그들의 남겨진 가족을 위해
애통하며 중보하고
그들이 피 흘리며 뿌린 씨앗이 열매 맺도록
기도해야 합니다.
마땅히 그래야 합니다.

슬픈 일과 아픈 일로 마음이 상해 버린 사람들이
이 땅에 많습니다. 불가항력적인 사건으로
상처받아 아파하는 사람들도 참 많습니다.
그러나 그들에게 사람의 위로는
한계가 있습니다.
스스로 극복할 수도 없습니다.
흔히 이런 말을 합니다. 세월이 약이라고 말입니다.
그렇습니다. 잊혀가는 것입니다.
애통한 일은 하나도 해결되지 않고
그냥 잊혀 가는 것일 뿐입니다.

그러나 하나님은 모든 것을
회복시키실 수 있습니다.
그러므로 우리는 그들을 위해
애통해야 합니다.
하나님은 눈물의 기도를 외면하시지 않습니다.
가슴으로 진정 그들을 위하여
눈물로 기도할 때 반드시 들어주십니다.
앞으로 이 세상과 민족과 나라와 믿지 않는
형제와 이웃과 어려움에 부닥친 모든 사람을
바라보는 눈과 마음이 달라져야 합니다.

예수님의 눈으로 바라보고
예수님의 마음으로 느끼며 애통해야 합니다.
애통해하는 자에게 참된 위로의 복이 있습니다.
애통해하는 것마다 회복시켜 주시는
하나님의 참된 위로 말입니다.

애통해하십시오.
우리 하나님의 위로를 받는 복이 있습니다.

사랑하는   에게.

　　　　나, 예수로부터.

나는 매일 탄식하고 애통해하며 바라본다.

나의 아버지께서 만드신 이 세상을. 더는 손댈 수 없을 만큼

망가진, 꿈이 없는 아이들을. 곳곳 음란함에 넘어지지 않는

자가 없고 갓 태어난 귀한 생명이 공공화장실에

쓰레기통에 버려지는 모습들을. 나의 아버지께서 태의 상급으로

주신 자녀를 학대하고 서슴없이 생명을 앗는 잔혹한 모습과

사단에 이끌리어 스스로 목숨을 끊는 모습들을.

나의 아버지의 말씀과 상관없이 세속적으로 흘러가는 교회들과

사단의 종노릇 하며 지옥을 향해 끌려가는 가족과 이웃을

가만두고 보고만 있는 무책임한 모습들을.

이단에 미혹되어 함께 예배했던 성도의 영혼이 피폐해져 감에도

무심한 표정으로 바라보기만 하는 모습도.

세상이 두려워 복음을 들고 맞서지 못하는 무기력한 모습과

나, 예수를 부끄러워하는 모습도 나는 바라보고 있다.

'세상이 말세다, 주님이 오실 때가 되었다'

말만 할 뿐 한 영혼도 전도하지 않는 게으름도,
이 시대를 밝히는 빛과 소금이 되기를 바라건만 빛을 잃고
맛을 잃어 세상에 밟히고 있음도 나는 바라보고 있다.
썩어가는 교회의 내면을 정확히 보지 못하는 영적 둔함을
속상한 마음으로 바라보고 있다.
나 예수를 잘 믿고 있다는 착각 속에 교만하기 그지없는
모습도 바라보고 있다. 기도하지 않아 영이 힘을 잃어가는
모습에 나의 눈에는 눈물이 고이고, 일주일 동안 펼쳐보지 않는
차 안이나 가방 안의 성경책을 바라볼 때마다 나를
외면하는 것 같아 마음이 아프다. 세상 사람들과
성도들의 영적 신음을 듣지 못하는 어두운 귀가 안타깝고
무엇보다 나의 이 애통함을 함께 나누지 않으려는
네가 한없이 나를 애통하게 한다.
하지만 나는, 그럼에도 너를 사랑한다.
너를 사랑하므로 나와 함께 죽어가는 영혼들을 바라보며
아들 잃은 노모처럼 처절한 눈물을 흘리며 애통해하는
자가 되기를 원한다. 너의 그 애통함으로 죽어가는
한 영혼 한 영혼이 회복되어 하나님을 기쁘시게 해드리는
네가 되길 원한다. 그러므로 네가 약속하신
위로의 복을 받길 간절히 원한다.✝

네게 나는 온유한 모습을 기대한다.

하나님께 제대로 길들여져 따뜻해지고 부드러워진 너를 기대한다.

5월의 봄바람 같은 너를 기대한다.

너는 나의 사랑이므로.

the Sermon on the Mount 3

온유한 자

온유한 자

마태복음 5장 5절 말씀

온유한 자는 복이 있나니 그들이
땅을 기업으로 받을 것임이요

온유함은 선천적으로
가지고 태어나는 성품이 아닙니다.
후천적으로 만들어지는 성품입니다.
온유는 헬라어로 '프라우테스'라고 합니다.
야생마와 같은 야생동물을 길들인다는

뜻이 있습니다. 야생마는 난폭해서
처음 길들일 때 무척 애를 먹습니다.
그러나 차차 주인에 의해 길들면서 온순해집니다.
야성은 살아있지만, 오직
주인이 쓰기 좋게 길드는 것입니다.
선천적으로 온유한 성품을 지니지 않은
우리에게도 야생마 같은 난폭한 기질이 있습니다.
별것 아닌 일에도 분노와 혈기가
우리를 날뛰게 합니다.
그래서 우리도 길들어야 합니다.
하나님이 쓰시기 좋게 말입니다.
그러나 나 스스로 나를 길들일 수 없고
그 누구도 나를 길들일 수 없습니다.
오직 하나님께서 길들이셔야 합니다.

모세는 애굽 사람이 동족인
히브리 사람을 폭행하는 장면을 목격하고
그 자리에서 애굽 사람을 쳐 죽일 만큼
혈기가 왕성한 사람이었습니다.
이 일로 인해 그는

미디안 땅으로 도망가는 신세가 되었고
그곳에서 십보라라 하는 여인을 만나
40년 동안 장인 이드로의 집에서
양치기로서의 삶을 살게 됩니다.
겉보리 서 말만 있어도
처가살이는 안 한다는 말이 있습니다.
모세도 40년의 처가살이가
편치만은 않았을 것입니다.
한때 공주의 양자로 호의호식하며 살았던 그가
양을 치는 일도 그리 녹록지 않았을 테고
혈기가 왕성하니 낯선 동네에서
사람들과의 부딪침도 잦았을 것입니다.
그러나 40년의 세월이 흐르는 동안
그는 더욱 혈기가 왕성해지거나
거칠어진 것이 아니라
오히려 점점 온유한 사람으로 바뀌었습니다.
훗날 모세를 쓰시기 위해
하나님께서 작정하고 길들이셨기 때문입니다.
그런데 무려 40년이나 걸렸으니
그의 혈기가 어느 정도였는지

가히 짐작이 됩니다. 그러나 모세뿐만 아닙니다.

하나님께서는 야생마 같은 우리도

온유한 사람으로 세심하게 길들이십니다.

그분은 자신이 선택하신 자들의 혈기 가득한

성품을 가만 내버려두시는 분이 아닙니다.

반드시 들춰내시고 깨닫게 하시고

혈기로 단단히 뭉친 마음을 깨뜨리십니다.

그런 후 성령님을 통해

온유한 사람이 되도록 이끌어가십니다.

그런데 모든 훈련이 그렇듯

온유한 사람이 되기까지의 훈련과정이

고통스럽습니다.

혈기를 참으려니 그 순간들이

벅차고 견딜 수가 없습니다.

희한한 것은 온유함에

목말라하고 사모할수록 전보다 더한 일들이

혈기를 충동질한다는 것입니다.

이것은 자신에게 길들었던 우리가

하나님께 길들려 하니

사단이 방해하는 것입니다.

그러니 더욱 말씀과 기도로
다스리고 성령님께서 통제하시고
이끄시도록 도움을 청해야 합니다.
그런데 이런 과정을 꼭 거쳐야 할까요?
그렇습니다.
모세처럼 하나님께서
길들이시려고 작정하셨다면
반드시 거쳐야 합니다.

모세의 온유한 성품이
빛을 발한 사건이 있었습니다.

민수기 12장 1-3절 말씀

모세가 구스 여자를 취하였더니 그 구스 여자를
취하였으므로 미리암과 아론이 모세를 비방하니라
그들이 이르되 여호와께서 모세와만 말씀하셨느냐
우리와도 말씀하지 아니하셨느냐 하매
여호와께서 이 말을 들으셨더라 이 사람 모세는
온유함이 지면의 모든 사람보다 더하더라

모세가 구스 여인을
후처로 맞이했을 때입니다.
누나 미리암과 형 아론은 그 일을 빌미 삼아
모세를 공격하고 비난했습니다.
하지만 그 혈기 강했던 모세는
반응하지 않았습니다.
두 사람의 공격에 힘이 부쳐서가 아니었습니다.
그렇다고 형과 누나를 무시해서도 아닙니다.
온순해진 야생마처럼
하나님께 길들었기 때문입니다.
그런데 만약 모세가 40년간
미디안에서 길드는 훈련을 받지 않았다면
아마 '형제의 난'이
일어났을지도 모를 일입니다.
지도자인 그들이
이스라엘 백성이 보는 앞에서 죽이네 살리네!
추한 꼴을 보였을 것입니다.

그런데 하나님께 잘 길든 줄 알았던
모세의 혈기가 살아난 사건들이 있었습니다.

하나님께서 손수 십계명을 쓰신 돌판을
산 아래로 내던져 산산조각낸 사건과
하나님께서 바위에 명하여 물을 내라 하셨는데
지팡이로 바위를 친 사건이었습니다.
그로 인해 하나님께서는
모세가 가나안 땅에 들어가는 것을
허락하지 않으셨습니다.
혈기는 이런 것입니다.
죽은 척하며 납작 엎드려 있다가
언제든 꿈틀거리고 일어나 정체를 드러낼
기회를 엿보는 것이 분노와 혈기입니다.
그러므로 안심해서도 방심해서도 안 됩니다.
그런데 살다 보면 이렇게
미리암과 아론 같은 형제나
경위 없는 사람들이 비위를 상하게 하거나
공격을 해올 때가 있습니다.
그때 어떻게 하십니까?
피가 솟구쳐 뒷목을 잡으십니까?
욕을 하며 팔을 걷어붙이십니까?
아니면 멱살을 잡고 흔드십니까?

다니며 그 사람 험담을 늘어놓는 것으로
분풀이하십니까?
사실 이러한 상황까지 치달으면
참기가 매우 힘이 듭니다.
그러나 우리는 마음이 격동할수록 다스려야 합니다.
하나님께서 온유하지 못한 성품을
만져주시기 위해 이런 일, 이런 사람을
나에게 허락하셨구나! 라고 생각하면
한결 내 마음을
다스리기 쉬울 것입니다.
믿는 자들에게 우연히 일어나는 일은
없기 때문입니다. 하나님 모르게 일어나는 일은
있을 수 없습니다. 모든 일이 그분의
섭리임을 인정하고 범사에 인정하십시오.
하나님이 하셨는데 내가 감히 어찌하겠습니까?

모세는 한결같이 하나님을 인정했기 때문에
온유할 수 있었습니다. 그런데 한 가지 모세가
돌판을 던지고 바위를 쳐서 물을 낼 때의
혈기는 온전히 하나님을 위한

거룩한 분노라고 볼 수 없다는 것입니다.
하나님께서 친히 쓰신
두 돌판을 집어 던져 깨뜨리고
하나님께서 말씀하신 방법과 다르게
바위를 '탕탕!' 쳐서 물을 내는 행위는
인간적인 분노가 더 강했음을 볼 수 있습니다.
쉽게 말해 잘 길든 줄 알았던 야생마의 야성이
살아나 난폭하게 구는 것처럼
모세의 혈기도 살아났던 것이죠.

우리도 때론 완전히 길든 줄 알았던
혈기가 살아날 때가 있을 것입니다.
"성경 읽으랬지! 너 지금까지 몇 장 읽었어!
너 그렇게 성경 안 읽고 네 멋대로
살다가 지옥 가고 싶어?"
자녀가 성경을 읽도록 지도하는 것은
마땅히 해야 할 일입니다.
그러나 그 속에 짜증과 분노가 섞여 있다면
오히려 지도를 안 하니만 못합니다.
아이의 믿음을 위해서라는 명목으로

혈기를 부려서는 안 되며
그것을 당연시 여겨도 안 됩니다.
아이는 분명 성경을 제대로 읽지 않을 것입니다.
아마 제일 읽고 싶지 않은 책이
성경이 될지도 모릅니다.

교회 안에서도 마찬가지입니다.
믿음이 성장하도록 이끌어주는 모습 자체는
참 귀하고 아름답습니다.
하지만 권면하는 자신의 말을 듣는 태도가
좋지 않다거나 말한 대로 행하지 않는다고 해서
분노하거나 조곤조곤 잘못을 따져가며
공격하는 분들이 있습니다.
그리고 이런 행위를 정당하다 생각합니다.
하지만 이것은
거룩한 분노가 아닙니다.
그냥 인간 본연의 분노입니다.
우리는 잘 생각해봐야 합니다.
하나님을 위한 일,
누군가의 믿음을 위한 일이라는 명목으로

혈기를 부리고 있지 않은지 말입니다.
그리고 예민하게 잘 살펴야 합니다.
지금 내가 부리는 것이 거룩한 분노인지
아니면 혈기가 죽지 않은 것인지 아니면
죽은 척하다 일어난 혈기는 아닌지 말입니다.

예수님은 핍박과 공격을 받아도
격동하거나 분노하지 않으셨습니다.
늘 관용을 베푸시고 용서하셨습니다.
온유한 성품을 지니셨기 때문입니다.
그러나 진리에 어긋나는 일에는 분노하셨습니다.
"독사의 자식들아!" 하며 말입니다.
그리고 세례요한도
세례를 받으러 온 사람들에게
똑같이 독사의 자식들이라며 분노했습니다.
예수님과 세례요한의 분노는 어떤 분노였습니까?
이는 혈기를 주체 못 한 분노가 아니었습니다.
우리처럼 미움을 품고 분노하는 것과는
차원이 다른 분노였습니다.

〈사랑한다, 독사의 자식들아〉 어느 목사님께서
쓰신 책입니다. 여기서 독사란 마귀를 뜻합니다.
제목대로라면 마귀의 자식을 사랑한다는 것입니다.
마귀의 자식은 누구입니까?
마귀의 말에 순종 잘하는 우리를 말합니다.
즉 예수님과 세례요한은
독사의 자식들이라고 거침없이 분노했지만
그 안에는 사랑과 안타까움이
묻어있던 것입니다. 이 마음은
진정으로 온유한 성품을 가진 자만이
품을 수 있는 마음입니다.

그런데 착각하지 않아야 할 것은
온유함은 둔한 것을 말하는 게 아니라는 것입니다.
이래도 좋고, 저래도 좋은
줏대 없는 사람을 말하는 것도 아닙니다.
악한 것인 줄 알면서
군말 없이 타협하는 사람도 아닙니다.
진리에 어긋나는 행동에 대해서는
눈을 감아주는 것이 아니라

바르게 잡아주는 사람입니다.
그리고 착각하지 않아야 할 것은 착한 사람을
온유한 사람이라고 하지 않는다는 것입니다.
착한 사람도 상황에 따라 혈기를 부리기 때문입니다.
겉으로 표현하지 않아도
속에서는 분노가 끓기 때문입니다.
정확히 말해 착하다고 온유한 것이 아닙니다.
닮았지만 다릅니다.

진정한 온유함이란 핍박과 공격을 받아도
내가 그것에 격동하거나 분노하지 않는 것입니다.
또한 겸손한 마음으로 침묵하고
나를 격동케 하는 자를 미움 없이 품는 것이며
그 어떤 상황에도 거슬리지 않는,
완벽히 별 느낌이 없는 상태를 말합니다.
이렇게 온유한 사람은
완전히 하나님께 길든 사람입니다.
그렇다면 당신은 어떤 사람입니까?
하나님께 나의 성품을 완전히 복종시킨
온유한 사람입니까?

절망에 빠져버린 한 여인이 있었습니다.
간음하다 현장에서 잡힌 여인이었습니다.
많은 군중이 몰려나와
그녀를 끌어다 바닥에 내팽개치고
둥글게 에워쌌습니다. 그들은
오래 굶주린 이리처럼
입에 담을 수 없는 조롱과 비난으로
그녀를 물어뜯기 시작했습니다.
하루아침에 자신의 행실이 드러난 여인은
머리카락이 흐트러지고 단정치 못한 차림으로
바닥에 주저앉아 두려워 떨었습니다.
그때 사람들이 예수님께 물었습니다.
"이 여자가 간음하다 잡혔소. 모세의 율법에는
이런 자들을 돌로 치라 하였소.
예수 선생 당신은 뭐라 판결을 내리겠소?"
그들이 이렇게 묻는 이유는
예수님을 고소할 거리를 찾기 위함이었습니다.
그들의 비열한 눈빛을 바라보시던 예수님은
몸을 굽혀 손가락으로 땅에 무언가를 쓰셨습니다.
사람들은 그분을 채근했습니다.

"빨리 말하시오!"

예수님은 굽혔던 몸을 펴고 일어나

군중을 바라보며 말씀하셨습니다.

"너희 중에 죄 없는 자가 먼저 돌로 치라."

그리고 다시 몸을 굽혀 땅에 뭔가를 더 쓰시자

사람들은 이 말을 듣고 양심의 가책을 받아

하나둘씩 자리를 떠나기 시작했습니다.

사람들이 모두 떠나자 여인과

둘만 남게 된 예수님께서는

그녀를 정죄하거나 날카로운 말투로

책망하지 않으셨습니다.

너 때문에 저들에게 시험당할 뻔했다고

화를 내시지도 않으셨습니다.

그분은 말씀하셨습니다.

"나도 너를 정죄하지 아니하리니

이제 가서 다시는 죄를 범하지 마라."

온유하신 분이 주시는 안식의 말씀이었습니다.

이 한 말씀에 죽음 앞까지 내몰렸던 여인은

새로운 삶이 열렸습니다.

바로 이것이 온유한 자의 복입니다.

상대방의 처지를 생각하고

그가 새 힘을 얻을 수 있도록 도울 때

일어나는 놀라운 변화 말입니다.

또한 온유한 자는

사람들의 마음을 얻고 사람들로 하여금

하나님의 자녀로서 존경을 받는 복이 따릅니다.

철이 없을 때는 나밖에 모릅니다.

성품이 다듬어지지 않아

내 생각 내 기분만 옳다고 생각합니다.

젊은 날에는 그랬습니다.

외출할 때 자동차 키를 들고 나가며

아내에게 빨리 나오라고 채근했습니다.

그것도 모자라 시동을 걸고

클랙슨을 빵빵거리며 야단을 부렸습니다.

"떠날 시간을 정했으면 빨리 준비하고 나와야

하는 거 아니야?" 그때는 아내를

이해할 수가 없었습니다. 그러다 훗날

아내는 외출할 때 집안을 둘러보고

꼼꼼히 확인하느라 늦게 나온다는

사실을 알았습니다.

나이 들어 생각해봅니다.
아내가 외출 준비를 하는 동안 내가 아이를
씻기고 옷을 입히고 집안을 둘러봤더라면
좋았을 텐데 하고 말입니다.
그랬다면 아내가 조급해하지 않아도 됐고
나 역시 혈기 부리는 일도 없었을 테니 말입니다.
다시 말하지만 진정한 온유는
상대방의 처지에서 생각하고 바라봅니다.
누군가 손가락질받을 잘못을 저질렀을 때
정죄하지 않고 온유한 마음으로 품는 것입니다.
내 입장만 생각하는 사람은
온유할 수 없습니다.

세상 사람들이 크리스천에게 바라고
기대하는 것이 있습니다.
크리스천만큼은 욱하고, 위협하고, 찌르는
모습을 보여주지 않기를 바랍니다.
온유한 모습을 보길 원합니다. 하지만
우리는 너무나 많이

실망스러운 모습을 보여주었습니다.

어느 여성분이 마트에서 겪은 일입니다.
물건을 살피며 카터를 밀다 마주 오는 분의
카터와 부딪친 모양입니다.
그래서 정중히 사과했는데도
표독스런 얼굴로 눈은 어디에다 두고 다니냐며
언성을 높이더라는 것입니다.
재차 사과하고 마저 장을 본 여성분은
엘리베이터 앞에서 또 그분과 마주쳤다고 합니다.
그러자 위아래로 훑으며
눈을 곱지 않게 뜨더라는 것입니다.
그런데 그때 어떤 사람이 그분께 다가와
반갑게 아는 척을 했다고 합니다.
"어머, 권사님! 장 보러 오셨어요?
이런 데서 만나니 반갑네요."
크리스천이었던 그 여성분은
표독스러움을 감추고 인자하게 웃는
권사님이라는 분을 바라보며
세상 속 우리의 모습을 생각하지 않을 수

없었다고 합니다. 그런데 어디 이뿐이겠으며
그 권사님만의 문제이겠습니까?
여하튼 세상 사람들은
더는 우리에게 기대도, 따뜻한 시선으로
바라봐주지도 않는다는 것입니다.
그들은 등을 돌렸고
우리에게 이 말을 꼬리표처럼 붙여놓았습니다.
"교회 다니는 인간들이 더하면
더했지, 덜하지 않더라."
가정에서는 어떻습니까?
"엄마, 아빠! 하나님 믿는 사람 맞아? 이해도
못 해주고 맨날 신경질에 소리나 지르고!"
생각해봅시다. 나는 가정에서 어떤 사람입니까?
가장인 내가 퇴근 후 돌아오면
온 가족이 반갑게 맞이해주는 사람입니까?
아니면 자녀들이 억지로 나와
마지못해 하는 인사 받는 사람입니까?
나는 어떤 엄마입니까?
아이들이 마음껏 안기고 비빌 수 있는
사랑 많고 인정 많은 엄마입니까?

아니면 아이들이 눈치 보며

말 한마디 못 붙이는 엄마입니까?

나는 믿지 않는 사람 사이에 어떤 사람입니까?

그리스도의 향기를 뿜는 온유한 사람입니까?

아니면 더하면 더했지, 덜하지 않은

크리스천이 바로 나입니까?

우리는 옳고 그름을 따져

시시비비를 가리고 싶어 합니다.

조금도 손해나 피해 보는 것을

용납하지 않습니다.

그 마음속에는 분노와 혈기가 내장되어 있습니다.

누구를 막론하고 사람은 저마다

깊숙이 혈기를 품고 있습니다.

혈기는 '욱'하는 성질입니다.

실수 한 마디에 파르르 떨며 독 오른 표정으로

상대방을 노려보고 뾰족한 말로 마음을 찌릅니다.

그게 누구든 상관없습니다.

혈기를 주체치 못합니다.

그래서 혈기 있는 사람은 외롭습니다.

가족조차 그 옆에 있기를 꺼리기 때문입니다.

그런데 세상이 우리를 이렇게 꺼립니다.
복음을 전하느라 사람들이 떠나가
외로운 것이라면 얼마나 좋겠습니까.
하나님 자녀답지 않게 살아
외면당하는 것이 문제인 것이죠.
사람들이 말합니다.
교회 안에 성경에 나오는
예수 같은 사람이 있다면 출석하겠다고 말입니다.
성경에 나오는 예수님은 어떤 분이십니까?
사랑이 많으시고 온유하신 분 아닙니까?

다윗은 억울하고 비참한 일을 참 많이
겪었습니다. 아들의 반역으로 도망가야 했고
그토록 신임했던 참모진들과 장수들이
아들 편에 서서 칼을 겨누는 상황을
맞기도 했습니다.
장인인 사울의 질투로
오랫동안 목숨 건 도망자의 삶을 살았으며
그에 의해 죽을 뻔했고

아내까지 빼앗겼습니다. 장인 사울이
임의로 다른 남자와 재혼시켰기 때문입니다.
하지만 다윗은 기회가 있었음에도
사울을 죽이지 않았습니다.
하나님께서 기름 부어 세우신 왕을 함부로
죽일 수 없었기 때문입니다.
그런데도 전쟁터에서 사울이 죽자
사울의 집안사람 시므이로부터
온갖 저주의 말을 듣습니다.
다윗이 얼마나 억울하고 화가 났겠습니까?
듣다 못 한 용사 스루야의 아들
아비새가 가서 목을 베겠다고 했습니다.
그러자 다윗은 말합니다.

사무엘하 16장 10-12절 말씀

왕이 이르되 스루야의 아들들아 내가 너희와
무슨 상관이 있느냐 그가 저주하는 것은
여호와께서 그에게 다윗을 저주하라 하심이니
네가 어찌 그리하였느냐 할 자가 누구겠느냐 하고
또 다윗이 아비새와 모든 신하들에게

이르되 내 몸에서 난 아들도 내 생명을 해하려 하거든
하물며 이 베냐민 사람이랴 여호와께서 그에게 명령하신
것이니 그가 저주하게 버려두라 혹시 여호와께서
나의 원통함을 감찰하시리니 오늘 그 저주 때문에
여호와께서 선으로 내게 갚아 주시리라 하고

이 말씀에서 하나님을 인정하는
다윗을 볼 수 있습니다. 온유한 자는 바로
하나님을 인정하고 그분께 다스려진 사람입니다.
다윗이 그런 사람이었습니다.
우리도 교회에서든 가정과 일터에서든
분노와 혈기가 앞서 나올 때 다윗처럼
문제가 아니라 문제를 허락하신
하나님을 인정하고 원수를 위해
기도하는 온유한 성품의 소유자가 되어야 합니다.
그때 주께서 선으로 갚아주실 것입니다.
그러므로 온유한 자는
세상에서 한마디도 못하는
바보 천치 같아 보일 수 있지만 실제로는
강한 사람입니다.

배후에 도우시는 하나님이 계시기 때문입니다.
형제들의 비난에 입도 뻥끗하지 않았던
모세도 하나님께서 대신 갚아주셨습니다.
누나인 미리암을 문둥병에 걸리게 하셨습니다.
그때 함께 모세를 비난했던 형 아론은
기죽은 모습으로 모세를 찾아와
가혹하게 벌하지 말아 달라고 부탁했습니다.
그들이 비난할 때 모세는 무엇을 했습니까?
아무것도 하지 않았습니다.
누군가 내게 강퍅하게 굴지라도
그 순간 온유해지길 바랍니다.
하나님께서 기뻐하시는 일은
지금 이 순간 혈기 부리는 것이 아니라
온유함으로 품는 것이라는 걸 기억하며
나 대신 갚아주실 하나님을 인정하고
그분의 성품을 따르려고 애쓰십시오.
우리가 그 순간 혈기를 부리면
그것은
마귀에게 굴복하고 길드는 것입니다.
그러나 하나님을 생각하며 참고

온유한 마음을 품으면
하나님께 길드는 것입니다.
그러므로 하나님께 길든 자는 약한 자가 아니라
정말 강한 자입니다.
원수 마귀를 이겼으니 말입니다.
성경에 오른뺨을 때리거든 왼편도 내주라 합니다.
오 리를 가자면 오 리를 더 가주라고 합니다.
온유한 성품이 아니라면 할 수 없는 일입니다.
다윗처럼 악으로 대항하지 아니하고
온유한 마음으로 대처할 수 있는
우리가 되어야 합니다.
또한 모세처럼 하나님께
누나 미리암을 고쳐달라고 부르짖는
온유한 자가 되어야 합니다.
완벽하게 온유하셨던
예수님을 바라보면서 말입니다.

나는 진정 온유한 사람이 되고 싶습니다.
우리 예수님처럼 온유했으면 좋겠습니다.

그런데 온유하기가 참 어렵습니다.

어느 시점을 넘기기가 참 어렵습니다.

예수님께서 말씀하신 산상수훈 중

온유한 자는 복이 있다는 말씀 외의 말씀들은

믿음으로 어렵지 않게

지킬 수 있다고 생각합니다.

그러나 온유함만큼은 쉽지 않습니다.

온유함이 가장 어려운 것 같습니다.

그래서 나는 온유함이 편한 옷처럼

내게 입혀지면 좋겠습니다.

자연스레 내 몸속에서 흐르는 피가 되고

살이 되었으면 정말 좋겠습니다.

욥기 23장 10절 말씀

그러나 내가 가는 길을 그가 아시나니 그가 나를

단련하신 후에는 내가 순금 같이 되어 나오리라

순금이 되기 위해서는 불 속에서

불순물을 제거하는 과정을 거쳐야 합니다.

우리 역시 온유한 자가 되기 위해서는

불순물을 제거하는 과정을 거칩니다.

그것이 연단입니다.

그 과정을 지나서야 비로소 순금이 됩니다.

분노가 일 때 참는 것이

억울하고 분하기도 할 것입니다.

그러나 그때마다 예수님을 떠올려보십시오.

아무 죄 없이 우리의 죄를 대신해서

그 당시 최고의 형벌이었던

십자가 형벌을 받으셨던 예수님을.

사람들은 팔짱 끼고 사악한 미소를 지으며

그분을 구경했습니다.

손가락질하며 조롱하고 비웃었습니다.

그러나 예수님은 그들을 미워하거나

저주하지 않으셨습니다.

그들을 불쌍히 여기시고

하나님께 선처를 구하시는 완벽한

온유함을 보여주셨습니다.

사역하실 때는 동네 사람들이

예수님을 낭떠러지까지 끌고 가 밀쳐 떨어뜨리려

했을 때 내가 누군지 아느냐!며

저항하지 않으셨습니다.
그저 별말 없이 그들 가운데를 지나서
갈 길을 가셨습니다.
가룟 유다가 병사들과 함께
예수님을 잡으러 왔을 때 분노하지 않으셨고,
베드로가 대제사장 종의 귀를 잘랐을 때
예수님은 잘했다 하지 않으시고
귀를 붙여주시며 말씀하셨습니다.

마태복음 26장 53절 말씀
너는 내가 내 아버지께 구하여 지금 열두 군단 더 되는
천사를 보내시게 할 수 없는 줄로 아느냐

예수님은 열두 군단이 더 되는 천사를
불러올 수 있는 분이셨습니다.
그러나 예수님은 사역 내내 당신을 죽이려는
자들을 힘으로 누르지 않으셨습니다.
그저 온유한 마음으로 그들을
불쌍히 여기셨습니다. 그리고
우리를 대신해 십자가를 지셨습니다.

그러나 예수님은

"너희들 때문에 내가 십자가를 졌어!" 하며

억울해하지도 미워하지도 않으셨습니다.

여전히 우리를 사랑하시며

저 천국에서 우리를 위해 중보하고 계십니다.

때가 되어 천국에 가면 예수님께

여쭤보고 싶습니다.

"십자가를 대신 지셨는데

억울하지 않으셨습니까, 예수님?"

예수님께서는 인자한 음성으로

이렇게

대답하실 것 같습니다.

"내 아버지의 뜻이니 억울할 것이 없었다.

그리고 사랑하는 너를 위해서였잖니?

억울하지 않았단다."

우리의 억울함은

예수님의 억울함에 견줄 수 없습니다.

그분의 온유함도 흉내 낼 수 없습니다.

하지만 우리는 그분을 따라

온유해야 합니다.

혈기를 부리는 사람 중에 좋아서 부리는
사람은 없습니다. 화가 나는 일이 있으니까,
내가 생각하고 마음먹은 대로 안 되니
혈기를 냅니다.
그런데 혈기를 내고 꼭
'내가 참을걸' 하며 후회합니다.
그러나 또 비슷한 상황이 오면 혈기 내는 것이
온유하지 못한 사람의 고질적인 모습입니다.
그런데 혈기를 내는 가장 정확한 이유는
하나님께 모든 걸
맡기지 않았기 때문입니다.
내가 해보려고 하는데 되지 않으니까
조금만 거슬려도 혈기 부리고 화를 냅니다.
모든 되어진 일을
'하나님이 하신 거야'라고 인정하고
욥이 한 것 같이 주신 이도 여호와시오,
취하신 이도 여호와이시니
오직 여호와께 영광을 돌리겠다는
마음가짐이라면
혈기 낼 일이 없을 텐데 말입니다.

여호와 앞에 잠잠하고 참아 기다리라 자기 길이 형통하며
악한 꾀를 이루는 자로 인하여 불평하지 말지어다

시편 37편은 다윗이 시련 가운데 기록한
말씀입니다. 다윗은 하나님을 의지하고 바라봄으로
자신에게 하나님이 모든 걸
이루어 주심을 알았습니다. 그러므로
분내고 화낼 까닭 없이 이겨나갔습니다.
이렇게 나를 다스릴 줄 알아야 합니다.
불평이 나올 상황이지만
참고 기다릴 줄 알아야 합니다.
하나님께서 하실 것을 믿고 인정하면서 말입니다.
세상은 말합니다.
마음을 다스릴 줄 아는 자가
천하를 다스린다. 즉 세상을 얻을 것이라는
말입니다. 다윗은 왕이 되었고
수많은 사람을 얻었습니다.
칭송을 받았습니다.
다윗은 자신을 잘 다스렸습니다.

혈기를 다스리고
어떤 상황에서도 과잉반응하지 않았습니다.
자신을 대적하는 사람이든
그 누구와의 관계에서든 자신의 감정을
조절할 줄 알았습니다. 그는
성령님의 통치 하심을 받는 진정 온유한 자였습니다.
우리도 다윗처럼 온유해질 수 있습니다.
다윗처럼 성령님의 통치 하심으로 온유해진다는
것은 너무나 멋지고 근사한 일입니다.

우리는 생활 속에서 온유함으로
행함을 보여야 합니다. 하나님을 믿으면 믿을수록
아내는 남편에게 마음이 부드럽고 따뜻해졌다는
말을 들어야 합니다. 남편도 아내에게
같은 말을 들어야 합니다. 그런데
반대로 교회 다니더니 아내가 날카롭고
툭하면 성질 피운다고 한다면 잘못된 것입니다.
우리는 하나님께 제대로 길들어
따뜻해지고 부드러워져야 합니다.

5월의 봄바람 같은 사람이 되어야 합니다.
툭 건드리면 득달같이 일어나는 혈기는
하루빨리 내 안에서 사라져야 합니다.
온유함은 따뜻한 마음으로
상대를 배려하는 것입니다.
상대방 관점에서 상황을 보는 것입니다.
일 서투른 신입사원이 실수할 때
"이렇게밖에 못해!" 서류를 던지며
모욕감을 주는 것이 아니라 온유한 마음으로
이해하고 도와주는 것입니다.
자녀가 물을 엎지르면 짜증 낼 것이 아니라
함께 닦으면 되는 것입니다.
외출 준비가 더딘 아내를
닦달할 것이 아니라
함께 집안 단속하면 되는 것입니다.
상대방을 돌아보는 온유한 사람이 됩시다.
나도 실수를 저지른 적 있고
또 언제든 실수할 수 있는 사람이지 않습니까?
무엇보다 하나님 앞의 나를 생각해보십시오.
완전히 실수투성이 아닙니까?

온유한 자는 복이 있나니 저가 땅을 기업으로 받을 것이요

세상은 땅을 얻기 위해 전쟁을 해왔습니다.

그리고 힘 있는 사람이

땅을 차지했습니다.

그러나 예수님께서는

온유한 자가 땅을 기업으로 받을 것이라고

하셨습니다. 귀가 솔깃해집니다.

땅을 받는다고? 그것도 기업으로?

그러나 미안하지만 이 말씀은

세상에서 땅 부자가 될 것이라는 말씀이 아닙니다.

하나님 자녀로서

이 땅에서도 풍성한 복을 누리겠지만

그보다

새 하늘 새 땅, 천국을

얻게 될 것이라는 말씀입니다.

천국을 막연히 생각하는 분들에게는

김 새는 말일 수도 있겠습니다.

그러나 천국을 사모하고 소망하는 분들에게는

신나는 말씀일 것입니다.

세상을 떠나면

아무짝에도 필요 없는 이 땅은

수많은 사람이 피를 흘리고 희생했을 때

얻을 수 있지만 우리는

온유하면 영원히 살 수 있는

천국을 받을 수 있으니 얼마나 감사합니까?

어느 책을 보니

혈기는 죽어야만 없어진다고 합니다.

그러나 우리는 살아있는 동안에도

혈기를 없앨 방법이 있습니다.

그 방법은

하나님께 길드는 것입니다.

하나님께 길드십시오.

우리가 약속하신 땅을 기업으로 받을 방법은

오로지 이 방법밖에는 없습니다.

사랑하는   에게.

　　　　나, 예수로부터.

야생마는 난폭해서 처음 길들일 때 무척 애를 먹지.

그러나 차차 주인에 의해 길들면서 온순해진다.

너 역시 하나님이 쓰시기 좋도록 길들어야 한다. 그러나 너 스스로

너 자신을 길들일 수 없지. 오직 하나님께서 길들여야 한다.

모든 훈련이 그렇듯 온유한 사람이 되기 위해 길드는

과정 역시 어렵고 고통스럽다. 온유함에 목말라하고

사모할수록 전보다 더한 일들이 혈기를 충동질하기 때문이지.

이유는 사단이 방해하기 때문이다.

그러므로 너는 더욱 말씀과 기도로 네 마음을 다스리고

성령께서 통제하고 이끄시도록 도움을 청해야 한다.

그런데 이런 과정을 꼭 거쳐야 할까? 그렇다.

모세처럼 하나님께서 너를 길들이시려고 작정하셨다면 반드시

거쳐야 한다. 그러나 걱정하지 말라. 성령께서 너를 도우실 것이다.

네가 이렇게 하나님께 길들어 온유한 사람이 된다면

그 어떤 핍박과 공격을 받아도 그것에 격동하거나 분노하지

않게 될 것이다. 겸손한 마음으로 침묵하고 너 자신을
격동케 하는 사람을 미움 없이 품으며 따뜻한 마음으로
상대를 배려하게 될 것이다. 별일 아닌 것에도 버럭
소리 지르며 헐기 부리지 않으며 자녀가 물을 엎질러도
짜증 내지 않고 함께 닦는 부모가 될 것이다.

그런데 착각하지 않아야 할 것이 있다. 온유함은
둔한 것을 말하는 게 아니라는 것이다. 이래도 좋고,
저래도 좋은 줏대 없는 것을 말하는 것도 아니다. 악한 것인 줄
알면서 군말 없이 타협하는 것을 말하는 것도 아니다.
진리에 어긋나는 행동에 대해서 눈감아주는 것이 아니라
바르게 잡아주는 것이 진정한 온유이다.

온유한 자가 땅을 기업으로 받을 것이다. 죽으면 모든 게
끝일 세상에서 땅 부자가 될 것이라는 말이 아니다.
영원히 행복하게 살아갈 새 하늘 새 땅, 천국을 얻게
될 것이라는 말이다. 그러므로 온유하여라. 부디 온유하여라.
약속하신 땅을 기업으로 받을 방법은 오로지 온유해지는
방법밖에는 없기 때문이다. 마지막으로 네게 나는 온유한
모습을 기대한다. 하나님께 제대로 길들어 따뜻해지고
부드러워진 너를 기대한다. 5월의 봄바람 같은
너를 기대한다. 너는 나의 사랑이므로.✝

마음의 허리띠를 졸라매고 이 땅에 하나님의 영광이
나타났던 초대 교회의 그 신실하고 거룩했던 모습을 구현할 수 있도록
목사와 성도를 위해 기도하라. 이것이 바로 네가 해야 할 일이다.
의에 주리고 목마른 너는 배부를 것이다.

의에 주리고 목마른 자

의에 주리고 목마른 자

마태복음 5장 6절 말씀

의에 주리고 목마른 자는 복이 있나니
그들이 배부를 것임이요

우리는 대체로 '복' 하면
돈을 생각하고 '복을 받았다'고 하면 어마어마한
유산을 상속받았거나, 생각지 못한 큰돈이
들어왔거나, 열심히 복권을 긁어
1등에 당첨된 건 아닌가 생각합니다.

그런데 예수님께서는

주리고 목마른 사람이 복이 있다고

말씀하셨습니다. 그렇다면 복을 받기 위해서

쫄쫄 굶고 갈증이 나도 꾹 참아야 할까요?

아닙니다.

주리고 목마름의 상태는

육의 상태를 말하는 것이 아니라

영의 상태를 말하는 것이므로

굶거나 갈증을 참지 않아도 됩니다. 그런데

이 주리고 목마른 상태는

참을 수 있는 배고픔과 갈증을

말하는 것이 아닙니다. 몹시 견딜 수 없을 정도의

배고픔과 목마름으로

먹을 것과 마실 것을 아주 절실히

원하는 상태를 말합니다.

예를 들면 건물이 붕괴하였을 때

묻힌 사람은 구조될 때까지

먹지도 마시지도 못합니다.

다행히 구조된 사람들의 증언을 들어보면

가죽 허리띠를 씹어 먹거나

소변을 받아 마셨다고 하니,
그 안에서의 허기와 타는 듯한 갈증은 말로
설명할 수가 없을 것입니다.
의에 주리고 목마르다는 것은 바로
이처럼 영적으로 몹시 주리고
목마른 상태를 말합니다. 즉 하나님의 자녀로서
거룩하고 구별된 성결의 삶을
절실히 원하는 상태,
하나님과 올바른 관계를 맺기 위해
죄짓지 않고 발버둥 치는 그 상태를 말합니다.

의에 주리고 목마를 수 있는 것은
하나님을 사랑하는 사람만이 가능합니다.
그런데 예배 참석 잘하고
십일조 잘하고 교회 일에 적극적으로
참여하는 것만으로 하나님을 사랑하는 사람이라
단정 지을 수는 없습니다.
물론 하나님을 사랑하는 마음의
표현이기도 하지만 진정 하나님을 사랑하는

사람은 '의'에 기반을 둔 사람입니다.
누군가를 진정으로 사랑하게 되면 어느 사람이든
고민은 똑같습니다.
어떻게 하면 그 사람을 기쁘게 할까?
어떻게 하면 그 사람의 마음을
아프지 않게 할까?
어떻게 하면 그 사람을 더 사랑할 수 있을까?
온통 그 사람에게 나를 맞추려고 합니다.
그래서 사랑하는 사람이 원하는 대로
옷과 헤어스타일을 바꾸고
내 입에 맞지 않더라도 그 사람이 좋아하는
음식에 내 입맛을 맞추려고 합니다.
또한 사랑하는 사람을 위해서는
그 사람이 싫어하는 행동은 절대 하지 않으며
그와 어울리는 좋은 사람이
되기 위해 소소한 것까지 신경 씁니다.
그렇다면 하나님을 사랑한다는 우리는
그분을 위해 무엇을 합니까?
온통 그분께 나를 맞추려고 합니까?
그분이 원하지 않으시는 일은

절대 하지 않는지요?
어떻게 하면 죄를 짓지 않을까,
어떻게 하면 하나님을 기쁘시게 할까,
어떻게 하면 하나님 말씀대로만 살 수 있을까,
고민하시는지요?

하나님을 사랑하는 사람은 그분의 말씀대로
그분의 자녀답게 살려고 애를 씁니다.
여전히 죄를 따라 살아가는
자신의 모습을 괴로워하고 고통스러워하고
부단히 죄와 싸우고 걸려
넘어지게 하는 마귀를 대적합니다.
죄와 타협할까 봐 늘 깨어 기도하고
성령님의 도우심을 구합니다.
하나님이 원하시는 뜻이
무엇인지 분별하려고 애를 쓰고
하나님께 영광을 올려드리려
의의 열매를 맺기 위해 고군분투합니다.
죄로 인하여 자꾸 빗나가는
자신을 견딜 수 없어 하고

하나님 말씀 안에서

바르게 살기 위해 씨름합니다.

죄인 줄 알면서 죄의 유혹에 넘어가길 즐거워하는

나의 모습을 견딜 수 없어 합니다.

이것이 바로 하나님을 사랑하므로

의에 주리고 목마른 자들의 모습입니다.

그러나 우리는 의보다

자신의 이익에 대해서 훨씬 더 목말라 합니다.

돈에 목말라 하고 권세에 목말라 합니다.

좋은 집, 좋은 차, 아무리 꺼내 써도

걱정 없는 통장의 잔액을 목말라 합니다.

그것이 행복이라 말합니다.

물론 이것도 행복이라 할 수 있습니다.

그러나 세상의 행복은

오래가지 못합니다.

금방 시들해져서 또 뭔가 목말라

이리 기웃 저리 기웃하는 것이 인간입니다.

왜 그럴까요?

좋은 집, 좋은 차가 그 영혼까지
만족함으로 채워줄 수는 없기 때문입니다.
수가성의 여인을 보면 알 수 있습니다.
그녀는 다섯 명의 남편이 있었지만
행복을 느끼지 못했습니다.
어딘가 텅 빈 것처럼 공허하고 외로웠습니다.
그러나 예수님을 만나고
그 문제가 해결되었습니다.
의에 주리고 목마른 자가 되어서야
진정한 기쁨을 얻었습니다. 진짜 목말라 할 것은
이 세상에서 나를 행복하게 해주는
그 무엇들이 아니라
하나님 앞의 '의'입니다.

예수님은 의에 주리고 목마르셨던 분이십니다.
사단이 광야에서 돌을 떡 덩이로
만들라고 제안했을 때 거절하셨습니다.
절을 하면 세상을 주겠다고
했지만 그 역시 거절하셨습니다.

그분이 좀 더 좋은 것을 갖고 싶고,
먹고 싶고, 권세를 누리고 싶어 하는
세상의 복에 주리신 분이셨다면
사단과 타협하셨을 것입니다.
그러나 그분은
지독히 의에 주리고 목마른 분이셨습니다.
모든 것을 하나님께
공급받기를 원하셨고
아버지의 뜻에만 초점을 맞추셨습니다.
그래서
하나님이 기뻐하시지 않는 일과의 타협은
단 한 번도 하지 않으셨습니다.
만약 그러지 않았다면 군병들에게 잡히시기 전
겟세마네 동산에서 땀방울이 핏방울이
되도록 기도하실 것이 아니라
그 시간에 도망가셨어야 했습니다.
하지만 예수님은 하나님의 뜻을 따르셨습니다.
우리도 예수님처럼 하나님 자녀로서
그분의 뜻에 초점을
두고 그 뜻대로 순종해야 합니다.

그러나 우리는 이처럼 하기가 힘이 듭니다.
하나님의 뜻에 앞서 육신의 정욕과
죄의 본성을 이기지 못하기 때문입니다.

어떤 사람이 자동차 안에 만 원짜리를
20만 원어치 깔아 놓고 자리를 떠났습니다.
지나가다 우연히 자동차 안을 보게 된
점잖게 생긴 신사도,
아이들도,
주부도 멈칫합니다.
두 시간 후에 주인이 돌아와 보니
유리창이 박살이 나 있었습니다.
돈을 보니 욕심이 생겨 내 것이 아닌데도
차의 유리창을 부수고 돈을 가져간 것입니다.
이것이 인간입니다.
어떤 분은 아파트 단지 내에서
땅에 떨어진 10만 원짜리 수표를 발견하고
누가 볼세라 일단 발로 밟고 주위를 살폈습니다.
아무도 보는 사람이 없자
수표를 주머니에 얼른 찔러 넣고

집으로 갔습니다. 그런데 며칠간

예수님 믿는 사람으로서

마음이 너무 찔리는 것이었습니다.

결국 아파트 경비 아저씨께 부탁해 방송했더니

옆집 사람 것이었다고 합니다.

그래서 당장 수표를 돌려주고 나니

마음이 그렇게 자유롭더라는 것입니다.

그런 것입니다.

우리 속에 끊임없이 욕망이 끓고 있습니다.

그러나 하나님을 사랑하는 사람,

의에 주리고 목마른 사람은

이 욕망 때문에 괴로워합니다.

사람들이 봤을 때 '바보 같다' 할 것입니다.

"수표에 이서도 안 되어 있는데 그냥 쓰면 되지.

그렇게까지 해야 하냐?"라고 할지도 모릅니다.

그러나 우리는 의롭지 않은 일에

타협해서는 안 됩니다.

의에 주리고 목마름과는 상관없는

무늬만 하나님의 자녀가 아니라 의에 주리고

목마른 하나님의 진짜배기 자녀가 되어야 합니다.

시어머니를 미워하고 형제와 남편과 다투고
원수 맺는 분들은
어째서 하나님 앞에 나와 밤새워 울며
기도하지 않는지 모르겠습니다.
땅에서 매이면 하늘에서도 매이고
땅에서 풀면 하늘에서 풀릴 것이라고 하셨는데
언제까지 기도하지 않고 죄 된 마음을 품고
살 것인지 모르겠습니다.
시어머니가 하는 것마다 미운 사람은
기도할 일입니다. 부모를 공경하라 하셨는데
미워하니 하나님이 기뻐하시겠습니까?
남편이나 형제와 원수로 지내는
분들도 기도할 일입니다.
시어머니나 남편이나 형제가 미워할 수밖에 없는
마음을 품게 할지라도 그리스도인이라면
미워하는 자신의 그 마음을 괴로워해야 합니다.

미움은 하나님 앞에 죄입니다.
마음으로 미워해도 예수님은
살인한 자라고 말씀하셨습니다.

육체의 일은 분명하니 곧 음행과 더러운 것과

호색과 우상 숭배와 주술과 원수 맺는 것과 분쟁과 시기와

분냄과 당 짓는 것과 분열함과 이단과 투기와

술 취함과 방탕함과 또 그와 같은 것들이라 전에 너희에게

경계한 것 같이 경계하노니 이런 일을 하는 자들은

하나님의 나라를 유업으로 받지 못할 것이요

우리 속에 가득한 마음들입니다.

이 마음들은

죄의 모습으로 정체를 드러내기를 좋아합니다.

그런데 문제는 정체를 드러낸 죄에 대해

못 견뎌 하는 것이 아니라 그럴 수밖에 없었고

그럴 수도 있지 않냐며

변명하기에만 급급하다는 것입니다.

그러나 의에 주리고 목마른 자는

음욕을 품고 이성을 바라보는 사람은 이미 간음한

사람이라고 예수님이 꾸짖으셨듯이

생각으로 짓는 죄 역시 가벼이 보지 않습니다.

어쩔 수 없이 짓는 죄가

여전히 나를 다스리고 있다는 것 때문에
괴로워합니다. 그래서 죄의 문제를 해결하기 위해
하나님께 끊임없이 기도하며 매달립니다.
우리 마음속에는 부글부글 끓으며
폭발하기를 기다리는 화산처럼
죄가 가득 끓어 절대 의로울 수가 없습니다.
그래서 우리는 우리 예수님이
필요하며 예수님의 이름으로 죄를 대적하고
의로워지기 위해 애써야 합니다.

로마서 6장 16절 말씀

너희 자신을 종으로 내주어 누구에게 순종하든지
그 순종함을 받는 자의 종이 되는 줄을 너희가 알지
못하느냐 혹은 죄의 종으로 사망에 이르고 혹은
순종의 종으로 의에 이르느니라

누구에게 나를 내어 주겠습니까?
죄의 종으로 사망에 이르겠습니까?
순종의 종으로 의에 이르겠습니까?

지금 누구의 종으로 살고 있습니까?
혹시 내가 교회를 다니고
하나님을 믿는다 하면서 지금
죄의 종으로 살고 있지는 않습니까?
우리는 죄지을 수밖에 없는 것 때문에 애통해하고,
내 안에 죄라는 것을 분명히 긋고
외면할 수 있는 선이 없는 것을 알기 때문에
그것 때문에 힘들어하며 몸부림하는
사람이어야 합니다. 내 속에
선이 가득하여서 선한 것이 아니라
악이 가득하지만 예수님 때문에 씨름하면서
나가는 사람, 그 사람이
선한 사람, 의로운 사람입니다.

시편 1편은 짤막하게 복 있는 사람과
악인의 행실에 대해 구분 지어 말씀하고 있습니다.
교회 안에는 복 있는 자의 길을 걸어가지 않고
시편 1편 하반 절에 나오는 죄인의 길을
걸어가는 사람들도 있습니다.

이 죄인의 길은

하나님 말씀에서 벗어난 길을 말합니다.

그런데 안타깝게도 평생 죄인의 길을 가면서도

안전하게 잘 가고 있다고 생각한다는

것입니다. '나는 신앙생활 잘하고 있어' 하며

안심하고 있습니다. 착각입니다.

신앙생활 하면서 제일 무서운 함정이

바로 이 착각입니다.

성경에 나와 있는 바리새인들이 이렇게

착각을 했습니다. 예수님께서는 그들에게

화 있을진저 외식하는 서기관들과 바리새인이라고

야단 치셨습니다. 그들은

율법에만 집착할 뿐 의에 주리고 목마르지

않았습니다. 율법은 반듯하게 지키면서

하나님 앞에 죄를 지었습니다.

우리라고 다르지 않습니다.

복은 구하나 정작 의에는 관심이 없습니다.

의에 주리지 않고 목말라 하지 않으면서

복만 구하고 있습니다. 끊임없이 짓는

죄에 배가 불러있기 때문입니다.

삶의 문제 때문에는 통곡해도
하나님 앞의 의롭지 않은 내 모습 때문에
통곡하는 사람은 많지 않은 것 같습니다.
또한 교회나 목회자와 성도가
의에 주리고 목말라하지 않아도
애통해하는 사람이 드문 것 같습니다.
오히려 수군수군하고 예수의 이름으로(7) 질타는
잘하는 것 같습니다. 수군수군하고 질타하는 마음
곧 정죄는 하나님이 기뻐하시지 않습니다.
마귀가 기뻐합니다.
하나님 앞에 바르지 않은 마음입니다.
그러나 마귀 앞에서는 바른 마음입니다.
의에 주리고 목마른 사람은
하나님의 마음을 품고 애통해하며 기도해줍니다.
하나님의 자녀로서 구별되지 않은
자신이나 교회, 그리고
목회자와 성도의 모습을 아파합니다.
그러니까 수군수군하고 질타하는 것은
뭐 묻은 개가 뭐 묻은 개를
야단치는 것과 같은 것입니다.

이 세상은 분명 하나님께서 지으신
하나님의 나라인데 이 땅의 모든 만민은
마치 자신들이 세상의 주인인 양 살고 있습니다.
죄에 배부르고 죄를 마시며 행복하다고 합니다.
그러나 또 다른 한편으로는
괴로워서 못 살겠다고,
이유 없이 힘들어서 못 살겠다고 합니다.
죄로 배를 채우고 죄로
갈증을 채우니 살 수 있겠습니까?
하나님의 자녀라고 하는 우리는 어떻습니까?
의에 주리고 목말라 합니까?
기분에 따라 의에 주리고 목말랐다가
그렇지 않았다가 하나님 앞에 변덕쟁이 신앙을
하지는 않습니까? 우리는 영의 눈으로
나의 이런 영적 상태가 보이고 느껴져야 합니다.
그래서 하나님 뜻에 맞지 않게 사는 것에 대한
울분이 내 속에 계속 끓어올라야 합니다.

월남 이상재 선생의 집에 도둑이 들어와서
그 집의 재산목록 1호인 재봉틀을 훔쳐 갔습니다.

생계를 꾸려가던 며느리는 살림 밑천인
재봉틀을 도둑맞자 슬피 울었습니다.
그때 외출에서 돌아온 시아버지 이상재 선생이
하염없이 울고 있는 며느리에게 물었습니다.
"애야, 무슨 일이 있느냐?"
며느리가 자초지종을 설명하자 가만히 듣던
이상재 선생이 씁쓸해하며 말했습니다.
"애야, 나라를 잃어도 안 울더니
재봉틀을 잃고는 그리 슬프게 우는구나."
우리가 정작 울어야 할 때가 언제입니까?
사단에 내 생각과 마음을 빼앗겼을 때입니다.
그래서 하나님의 뜻에 어긋나는 삶을 살 때입니다.
하나님을 사랑하는 마음을
잃었을 때입니다. 하나님을 향한
타는 듯한 목마름을 잊었을 때입니다.
이 세대에 휩쓸려 하나님과 멀어질 때입니다.
성령 충만했던 마음이
바람 빠진 풍선처럼 시들거릴 때입니다.
온유하고 긍휼하던 마음이 다시 혈기를 부리고
공의의 잣대를 잴 때입니다. 나로 인해

예수님의 거룩하신 이름이 땅에 밝히도록
사단에 제어 당했을 때입니다. 그때가 우리가
울어야 할 때입니다. 그러나
우리는 울어야 할 때 울지 않습니다. 영이 무뎌져
느낌조차 없기 때문입니다. 그런데 돈을
잃고, 집을 잃고, 친구를 잃었을 때
흘리는 눈물은 바다를 이룰 정도 아닙니까?

하나님의 의를 무시한 이 땅에는
끊임없이 불의가 불의를 낳았고 여전히 불의를
낳고 있습니다. 그런데도 한국 교회는
이 문제를 놓고 애통하며 기도를
거의 하지 않습니다. 저마다
우리 교회는 아니겠지 생각하지 마십시오.
이 땅의 모든 교회는 주의 종들부터
정신 차리고 양심이 살아나도록 기도해야 합니다.
하나님의 자녀로서 의를 잃어버리고
거룩함을 드러내지 못하는
성도들을 위해 기도해야 합니다.

이제는 우리가 기도하지 않고는 희망이 없는

상황입니다. 한국 교회는 오래전부터

급속도로 내리막길을 달려가고 있습니다.

교회는 커졌는지 몰라도 영적으로는 힘을 잃었습니다.

영적 부흥이란 말조차 찾아볼 수가 없습니다.

그러나 교회는 정신 차리기보다

딴청을 피우고 있습니다.

하나님 뜻에 맞지 않는 일에 목숨 걸고 있습니다.

하나님을 슬프시게 하는 일을 멈춰야 합니다.

교회가 행복하고 그 행복이 세상으로

흘러들어 가기 위해서는 교회부터 죄의 문제들을

철저히 회개해야 합니다. 사단의 놀음에

놀아나지 않도록 정신 바짝 차리려

이를 악물어야 합니다. 수많은 계획을 세울 때

온전한 하나님의 뜻인지 분별해야 합니다.

하나님의 선하신 일에 관심 가지고 동참해야 합니다.

의에 주리고 목말라서 견딜 수 없어야 합니다.

우리가 다시 한 번 주님 앞에

마음의 허리띠를 졸라매고 하나님의 영광이

나타났던 초대 교회의 그 신실하고 거룩했던

모습을 구현할 수 있는 목회자와 성도들이
이 시대 이 땅에 넘쳐나도록 기도해야 합니다.
바로 우리 그리고 내가 말입니다.

우리의 성품이 모가 나고 비틀어져서
툭하면 죄짓는 경우가 많습니다. 그때마다 상황을
탓하며 계속 죄에 머물지 말고 돌이키십시오.
그리고 솔직하게 인정하십시오.
그 또한 의로운 자의 모습입니다.
다윗은 숨겨 놓았던 죄를 나단 선지자에게
들켰습니다. 다윗이 얼마나 창피했겠습니까?
그러나 다윗은 조금도 역정 내지 않고
죄를 인정했습니다. 의로운 사람은
핑계 대거나 발뺌하지 않고 잘못을 인정합니다.
세상에서 망신을 당할지라도
깨끗하게 잘못을 인정합니다. 이것이
세상 속에서의 우리의 모습이어야 합니다.
사단이 '망신일 텐데 창피하지 않겠나?' 하는
생각을 불어넣어도 하나님의 자녀로서

불의했던 마음이 견딜 수 없어 잘못을 인정하고
하나님께 회개하여 깨끗함을 얻어야 합니다.
그리고 또 하나, 우리는 남의 흉과 세상의 불의를
보고 쉽게 판단하고 정죄한다는 것입니다.
이 또한 의로운 모습이 아닙니다. 의로운 자는
남을 쉽게 판단하고 정죄하지 않습니다.
나 역시 죄 짓고 실수 하는 인간이라는 것과
의로우신 분은 오직 예수님뿐임을
인정하기 때문입니다. 지금까지 남을 판단하기가
쉬웠다면 이제는 남을 판단하는 것에
거리낌이 있어야 합니다. 그런 의로운 자가
되어야 합니다. 그러나 쉽지 않을 것입니다.
우리 스스로는 결코
의로운 자가 될 수 없기 때문입니다.
예수님이 우리 안에 계실 때
우리는 의로운 자가 될 수 있습니다. 예수님이
의로운 자가 되도록 인도하시기 때문입니다.
그런데 예수님의 인도를 받기 위해서
해야 할 일이 있습니다. 그것은 내 마음과 뜻과
정성을 다하여 하나님을 사랑하는 것입니다.

의에 주리고 목마른 자는 배부를 것이라고
하셨습니다. 영의 만족이 있을 것이라는 말씀입니다.
의에 주리고 목마른 자들은 지은 죄를
미워하고 죄와 끊임없이 싸우며 의로운 자가
되기 위하여 애쓰는 자들입니다.
하나님의 뜻이 이 땅에서 이루어지도록
가정에서 일터에서 어느 곳에서든
바라고 구하는 자들입니다. 하나님께서는 이런
애씀을 보시며 기뻐하십니다. 그리고 그 영혼에
충만한 은혜를 내리시고 늘 도우십니다.

요한삼서 1장 2절 말씀
네 영혼이 잘됨 같이 네가 범사에 잘되고

하나님 안에서 영혼이 만족하면 그전에
문제 되고 걱정되던 일들이 전혀 문제 될 것이
없습니다. 영혼이 흡족한 상태가 되면
단 하나, 기쁨만 있습니다.
의에 주리고 목마른 자가 되십시오.
우리 영혼이 풍성해지는 은혜를 누립니다.

사랑하는   에게.

　　　　나, 예수로부터.

의에 주리고 목이 마를 수 있는 것은 하나님을 사랑하는
사람만이 가능하다. '의'에 기반을 둔 사람 말이다.
사람은 누군가를 진정으로 사랑할 때 어떻게 하면 상대방을
기쁘게 할까? 어떻게 하면 그 사람의 마음을 아프지 않게
할까? 어떻게 하면 그 사람을 더 사랑할 수 있을까?
고민하고 사랑하는 사람에게 맞추려 애를 쓴다.
너 역시 네가 사랑하는 사람을 위해 고민하고 애썼을 것이다.
그런데 네가 사랑한다고 고백하는 하나님을 위해서는
무엇을 하느냐? 어떻게 하면 하나님을 더 사랑할 수 있을까?
어떻게 하면 하나님 말씀대로 살 수 있을까 고민하느냐?
하나님을 사랑하는 사람은 그분의 말씀대로 그분의 자녀답게
살기 위해 애를 쓴다. 여전히 죄를 따라 살아가는
자신의 모습을 괴로워하고 고통스러워하며 죄와 싸우고
걸려 넘어지게 하는 마귀를 대적한다. 죄와 타협할까 봐
늘 깨어 기도하고 성령님의 도우심을 구한다.

이것이 바로 하나님을 사랑하므로 의에 주리고 목마른
자들의 모습인데 너의 모습은 어떠한가?

너의 마음속에는 부글부글 끓으며 폭발하기를 기다리는
화산처럼 죄가 가득 끓어 절대 의로울 수가 없다.

그래서 너에게는 내가 필요하다. 나의 이름으로
수없이 덤비는 죄를 대적하며 의로워지기 위해 애써야 한다.

사단의 놀음에 놀아나지 않도록 정신을 바짝 차리려고
이를 악물어라. 무슨 일을 하든 온전한 하나님의 뜻인지
분별하라. 견딜 수 없이 의에 주리고 목마른 자가
되어라. 마음의 허리띠를 졸라매고 이 땅에 하나님의 영광이
나타났던 초대 교회의 그 신실하고 거룩했던 모습을
구현할 수 있도록 목사와 성도를 위해 기도하라.

이것이 바로 네가 해야 할 일이다.

의에 주리고 목마른 너는 배부를 것이다.

의에 주리고 목마른 너는 영혼에 만족함이 있을 것이다.

의에 주리고 목마른 자가 되어라. 그러나 기계적으로
주리고 목마른 자가 되려고 애쓰지 말고,
진정 하나님을 사랑하는 마음으로 주리고 목마른
네가 되어 영혼이 풍성해지는 은혜를 누리기를
나는 간절히, 간절히 원한다.✝

세상에서 제일 행복한 사람은 하나님이
불쌍히 여겨 주시는 사람이다. 그러니 긍휼히 여겨라.
긍휼히 여기는 사람은 우리 아버지께서 긍휼히 여겨 주신다.
이 복 또한 네가 받기를 나는 간절히 원한다.

긍휼히 여기는 자

긍휼히 여기는 자

마태복음 5장 7절 말씀

긍휼히 여기는 자는 복이 있나니 그들이
긍휼히 여김을 받을 것임이요

언젠가 한 권사님으로부터 강아지 한 마리를
선물 받아 사택 앞에 묶어 키운 적이 있습니다.
그런데 이 녀석이 첫날 밤새
소리를 지르는 것이었습니다. 다음 날도
밤이 되니 또 어찌나 괴성을 지르는지 도저히

참을 수 없어 자다 말고 나가 조용히 안 하면
가만두지 않겠다고 강아지를 협박하기에
이르렀습니다. 삼 일째는 막대기를 들고 나가
야단치고 몇 대 응징했더니 녀석이 눈을
내리깔고 잠잠해지는 것이었습니다.
단단히 겁을 먹었겠거니 하고 집으로 들어오니
녀석은 또 소리 지르고 난리가 났습니다.
그 추운 날 들락날락하느라 잠을 설친 나는
"어쩌자고 이런 녀석을 주셨나."
권사님이 조금 원망스럽기까지 했습니다.
그리고 그 다음 날 밤이 되었습니다.
잠자리에 들기 전 아예 미리 혼내기 위해
밖으로 나갔더니 엎드려있던 강아지가
처량한 눈빛으로 쳐다보는 것이었습니다.
그 순간 얼마나 마음이 짠하던지
긍휼한 마음이 샘솟는 것이었습니다.
'그래, 어미가 얼마나 보고 싶을까?'
'어미와 떨어져 낯선 이곳에 있으려니 두렵겠지?'
녀석이 불쌍한 마음이 들자 그간 야단치고
막대기를 휘두른 것이 얼마나 미안하던지요.

그 밤에 상자를 가져다 털옷을 깔아주며
"춥지?" 하고 부드럽게 대해줬더니 녀석이
그날 밤부터 소리 지르지 않는 것이었습니다.
칭찬은 고래도 춤추게 한다더니 나는
긍휼로 강아지의 마음을 녹인 것입니다!
긍휼은 측은하고 불쌍히 여기는 마음입니다.
다른 사람의 입장이 되어 함께 아파하고
마음을 나누고 도와주는 것입니다.
죄로 인해 비참한 상황에 부닥친 사람을 비난하고
외면하는 것이 아니라
불쌍히 여기고 도와주는 것입니다.
예수님처럼 말입니다.

예수님은 많은 기적을 베푸셨습니다.
앉은뱅이를 일으키시고 소경의 눈을 뜨게 하시고
죽은 자를 살리시고 오병이어의 기적으로
수많은 사람을 배불리 먹이셨습니다.
이는 능력을 자랑하고 싶으셔서 행한 일이
아니었습니다. 사회에서 소외당하고
멸시받는 그들을 불쌍히 여기셨기 때문입니다.

또한 예수님은 동네 아낙들의 가십거리였던
수가성의 여인과 부당하게 세금을
징수하고 착복하여 사람들의 미움을 받았던
세리장 삭개오를 만나주셨습니다. 만나셔서
인생 그렇게 살지 말라고 야단치며
훈계를 늘어놓으신 것이 아니었습니다.
생명의 말씀으로
그들의 죄로 어두운 마음을 환하게 비추셨습니다.
그러자 단숨에 그들에게
변화가 찾아왔습니다.
마음에 지진이 난듯하더니
회개의 감정이 솟구치고 공허했던 마음이
표현할 수 없는 기쁨으로
가득 들어찼습니다.
사람들을 피해 가장 더운 한낮에만
물을 길러 나왔던 수가성의 여인은 그 길로 달려가
동네 사람들에게 예수님을 전했습니다.
그러자 놀라운 일이 일어났습니다.
행실이 좋지 않아
그녀를 따돌렸던 동네 사람들이

그녀가 전하는 예수님을 믿는
기적이 일어난 것입니다.

삭개오는 소유의 절반을 가난한 자들에게
주겠으며 토색討索한 일이 있으면
네 배나 갚겠다고 약속했습니다.
예수님이 긍휼히 여기심으로
그들이 회개하고 구원에 이른 것입니다.
또한 예수님은
죽은 나사로를 위해 슬피 우셨습니다.
하나님이신 그분이 인간의 고난을 함께하며
우신 것입니다. 그리고 예루살렘을
바라보시며 눈물 흘리셨습니다.
단순히 눈물 한 방울 주룩 흘리신 것이 아니라,
통곡에 가까운 격렬한 눈물이었습니다.
장차 피를 흘리며 고통에 몸부림칠
예루살렘의 처참한 장래를 보시며
비탄함에 흘린 눈물이었습니다.
그들을 향한 긍휼의 마음이 아니었다면
쏟지 않았을 눈물이었습니다.

그리고 십자가. 예수님께서
죄 많은 인간을 긍휼히 여기심을 볼 수 있는
결정적인 사건은 십자가 사건이었습니다.
이 구원의 역사는 곧
인간을 사랑하시고 안타까이 여기시는
하나님의 긍휼에 기인한 것이었습니다.
중요한 사실은 하나님의 긍휼이
아들을 십자가에 못 박으신 것에서 끝나지
않았다는 것입니다. 그 후부터 지금까지 하나님은
날마다 죄 짓는 우리에게
긍휼을 베풀고 계시다는 사실입니다.

십자가에 달리신 예수님은
자신을 희롱하고 조롱하는 자들을 한없이
불쌍하게 바라보셨습니다. 그들이 자신의 행위로
받을 형벌을 생각하니 마음이 아프셨기
때문입니다. 그래서 그분은 하나님께
저들이 자기가 지금 무슨 짓을 하는지 알지 못하니
죄를 사하여 주실 것을 간절히 구했습니다.

스데반 집사의 마지막도
예수님의 마지막 모습과 같았습니다.
스데반이 설교를 마치고 성령이 충만하여
하늘을 우러러 하나님 옆에 예수님께서 서신 것을
보고 전하자 사람들이 그에게 우르르 달려들어
성 밖으로 끌어내 돌을 던졌습니다.
가뜩이나 스데반의 진리의 말씀이
마음에 거슬리고 찔렸던 그들은 무자비했습니다.
스데반은 사방에서 날아오는 돌에
눈이 터지고 머리가 깨지고
얼굴 뼈가 으스러지며 피투성이가 되었습니다.
코끝에 피비린내가 진동하고 얼굴이
퉁퉁 부어오른 그는 끝없이 날아오는 돌에
몸을 가누지 못하고 휘청휘청하며
무릎을 꿇고 앉았습니다.
그러고는 하늘을 향해 크게 부르짖었습니다.
"주여! 이 죄를 저들에게 돌리지 마옵소서!"
스데반의 마음은 십자가 위에서
사람들을 보시며 품으셨던
예수님의 마음과 같았을 것입니다.

긍휼히 여기는 마음, 우리도 우리에게
돌을 던지고 조롱하는 이들에게
예수님과 스데반처럼 긍휼한 마음을 품어야 합니다.
못마땅한 사람, 나를 힘들게 하는 사람들과
원수 맺는 일은 쉽습니다. 반면
긍휼히 여기는 마음은 어렵습니다.
하지만 나를 힘들게 하고 괴롭히는 사람을
불쌍히 여겨야 합니다.
'그가 알지 못해서 그런 것이다.' 하는 마음이
우리 안에서 서슴없이 작동되어야 합니다.

요한복음 11장 25-26절 말씀
예수께서 이르시되 나는 부활이요 생명이니
나를 믿는 자는 죽어도 살겠고 무릇 살아서 나를 믿는 자는
영원히 죽지 아니하리니 이것을 네가 믿느냐

우리는 예수님을 믿지 않으면 지옥에
갈 수밖에 없는 영혼들을 불쌍히 여겨야 합니다.
하나님 안에서의 평화를 누리지 못하고

하루하루 사는 것이 지옥과 같다고 말하는
사람들을 불쌍히 여겨야 합니다.
"어이구, 교회 안 다니니까 그 꼴로 살지."
하며 혀를 차는 것은 긍휼의 마음이 아닙니다.
우리는 그들에게 하나님의 마음으로
위로하며 용기를 주어야 합니다.
하루하루 사는 것이 천국이 되도록,
예수님을 구주로 시인하고 믿어 구원받을 수
있도록 복음을 전하고 믿음으로
바로 설 수 있도록 도와야 합니다.

요즘 뉴스를 볼 때마다 가슴이 먹먹하고
아픕니다. 내가 낳은 자녀를 성적으로 학대했다는
인면수심人面獸心의 아버지들을 볼 때마다
세상이 어떻게 이렇게 되었나 개탄스럽습니다.
어떤 부모는 아들을 죽이고
시신을 훼손하여 냉동실에 숨긴 사건도
있었습니다. 그들은 무려 4년 가까이
냉동실에 시신을 넣어둔 채,
태연하게 일상생활을 했다고 하니

이제 정말 세상 말세,

예수님이 오실 때가 되었음을 절감합니다.

그런데 이런 있을 수 없고 있어서는 안 될

끔찍한 일을 자행하는 사람들을 우리는

어떻게 바라봐야 합니까? 인간이 인간이기를

포기한 이 잔악무도한 사람들을 말입니다.

"저런 쳐 죽일 놈들!" 하며

형장의 이슬로 사라지길 원해야 할까요?

눈에는 눈, 이에는 이!

똑같이 갚아주라고 목소리를 높여야 할까요?

아닙니다. 물론 인간적으로 분개하는 마음은 듭니다.

하지만 우리는 그 마음을 내려놓고

그들의 영혼을 불쌍히 여길 줄 알아야 합니다.

하나님의 그 풍성한 사랑과 은혜를 알고

누리는 사람들이었다면

그런 일을 저지르지 않았을 텐데 하는

안타까운 마음으로 애통해야 합니다.

체면에 걸린 듯 아무 의식도 죄책감도 없이

사단이 이끄는 대로 죄를 범한

그들의 영혼을 불쌍히 여기고 그들이

예수님을 믿고 구원받을 수 있도록
기도해야 합니다. 예수님과 함께 십자가에 달렸던
오른편 강도가 예수님을 믿어 구원을
얻은 것처럼 말입니다. 그런데
이렇게 긍휼을 베푸는 일이 말처럼 쉽습니까?
아닙니다. 대단히 어렵습니다.
이 사실을 예수님도 아십니다.
그래서 긍휼히 여겨야만
긍휼히 여김을 받을 것이라 말씀하신 것입니다.
이 말은 너 역시 긍휼히 여김을 받아야 할
똑같은 죄인이니 비난할 생각 말고
긍휼히 여기라는 뜻 아니겠습니까?
사람은 죄의 정도에 따라 큰 죄, 작은 죄로
나누고 큰 죄를 지은 사람을 비난합니다.
하지만 하나님 보시기에는
큰 죄를 지은 저 사람이나 작은 죄를 지은
이 사람이나 똑같은 죄인입니다.
그러므로 내가 뉴스에 나올 정도의 죄를
짓지 않았다고 하여 누군가의 죄를 지적하고
비난하는 것은 우스운 일입니다.

나는 의롭습니까? 결코 의롭지 않습니다.
하나님 눈에 의로운 사람은 아무도 없습니다.

세상은 너무나 야박하고 험악해지고 있습니다.
우리는 끝도 없이 악이 악을 낳는 세상에
살고 있습니다. 사람을 깎아내리길 좋아하고
공격하고 또 어떻게든지 넘어뜨리려고 합니다.
부모와 자녀 간에도 부부간에도
원수 맺는 일이 잦아지고 있습니다.
예수님께서 오실 날이 가까워져 올 때 일어나는
일이라고 하셨습니다. 그러므로 우리는
이러한 세상 속에서
예수님의 긍휼하신 마음을 품어야 합니다.
우리마저 긍휼의 마음을 품지 않는다면
이 세상은 더없이 황폐해질 것입니다.
예수님은 이 땅에 오셔서
죄인들에게 긍휼을 베푸셨습니다.
그 죄인은 바로 우리이며 긍휼함을 얻은 우리는
예수님을 따라 긍휼히 여겨야 합니다.

요즘 아이들은 보통이 아닙니다. 오죽하면
〈아이가 나를 미치게 할 때〉라는 책이 나왔을까요?
공부도 못하는 데다 책 제목처럼
하는 짓마저 미치게 할 때
자녀를 긍휼히 여기기란 참 어렵습니다.
자꾸 판단하게 되고 지적하고 정죄하게 됩니다.
그러나 자꾸 판단하고 지적하고
정죄만 한다면 자녀는 마음 둘 곳이 없습니다.
공부를 못 하고 싶은 아이는 없습니다.
부모에게 칭찬받고 인정받고 싶지 않은
아이도 없습니다. 아이도 잘하고 싶고 인정받고
싶어 합니다. 하지만 마음처럼 되지 않아
녀석들도 저 자신이 싫다고 합니다.
그런 아이를
부모마저 긍휼히 여기지 않는다면
아이는 부모를 더 미치게 할지 모릅니다.
더 나아가 세상에서 문제를 일으키는
말썽꾼이 될지도 모릅니다.
아이 때문에 마음이 상할 때
하나님 앞의 나를 생각해보십시오.

그리고 날마다 나를 긍휼히 여겨주시는
하나님을 생각해보면 내 잣대로
아이를 판단하고 정죄할 수 없을 것입니다.
자녀를 긍휼히 여기십시오.
"제 딴에는 얼마나 잘하고 싶을까? 그런데
마음대로 되질 않으니 얼마나 속상할까?"
"많이 힘들지? 너도 잘하고 싶은데 뜻대로
잘 되지 않아 짜증 나고 화도 나지? 그래, 이해해.
그런데 걱정하지 마. 네 뒤에는
엄마 아빠가 있어. 그리고 너를 항상 지키시고
사랑하시는 하나님이 계시잖아. 우리 기도해보자."
이렇게 측은히 여기고 응원해줄 때
아이는 큰 힘을 얻을 것이며, 아이 역시
먼 훗날 자녀를 긍휼히 여길 줄 아는
부모가 될 것으로 생각합니다.

언젠가 교회 내 기관인
VCA Visionary Christian Academy 아이들과 잔치를 벌여
즐겁게 지낸 적이 있습니다. 그때 한 아이가
어두운 표정으로 구석에 앉아 있는

것이었습니다. 점수가 잘 나와서 상을 받고
박수받는 아이들을 보며 위축된 모양이었습니다.
그리고 누구도 관심을 둬 주지 않는 것 같아
속이 상한듯했습니다. 다가가 아이에게
손을 내밀며 말했습니다.
"마음이 힘들지? 자, 일어나봐." 그 한마디에
위로받은 아이는 울음을 터트렸습니다.
불쌍히 여김은
사람을 살리는 축복된 일입니다.
아이에게 손을 내밀지 않았다면 아이의 마음은
오랫동안 꽁꽁 얼어붙었을는지도 모릅니다.
그러므로 우리는
언제 어디서든, 그리고 누구에게든
긍휼히 여길 수 있는 사람이 되어야 합니다.

혹시 남편이 못마땅한 분이 있습니까?
불쌍히 여기십시오. 수입이 적고
때로는 온전한 직장 생활을 하지 못하거나
밖에서 당당하게 살지 못하는 남편과 살면서

힘든 분들이 있을 수 있습니다.

그러나 불쌍히 여기십시오.

사회에서 어느 정도의 위치에 오른 남편들은

가정에서도 모범적인 남편이 될 경우가 높다 합니다.

그러나 벌이가 시원찮고 되는 일이 없는

남편은 그 반대라고 합니다.

밖에서 위축되고 상처받고 열등감에 절어

가족을 위할 마음의 여력이 없기 때문입니다.

그래서 집에 오면

걸레 하나 드는 것도 자존심 상해 하고

별일 아닌 일에도 짜증을 많이 냅니다.

아내들은 이런 남편을 원수 보듯이 합니다.

그러나 그 마음을 바꿔

남편을 불쌍히 여기십시오.

'얼마나 힘이 들까? 남자로 태어나 가족을

책임져야 하는 어깨가 무거울 텐데 열심히 해도

되는 일 없고 직장조차 변변치 못해

제대로 생활비를 가져다주지 못하는 그 마음은

오죽할까? 우리 남편 얼마나 마음이 어려울까?'

하는 긍휼의 마음을 품으십시오.

남편의 그 마음을 불쌍히 여기고
헤아리면 남편은 살아납니다.
불쌍히 여긴다는 것은 얼마나 놀라운 축복인지
모릅니다. 남편을 긍휼히 여길 때 하나님께서는
나를 긍휼히 여기시기 때문입니다.
남편들도 마찬가지입니다.
아내가 어려운 살림에 티셔츠 하나 못 사 입고
가정을 지키기 위해 몸부림하는 그 모습을
당연하게 여기지 마십시오. 삶에 찌들어
아내가 화내고 짜증 낼 때
'그래, 우리 아내가 없는 살림에도
가정을 세우기 위해 얼마나 힘들까?' 하며
불쌍히 여기십시오.
그리고 그 마음을 보여주십시오.
말없이 정성스레 커피 한 잔이라도 준비해
식탁에 올려주거나
작은 일 하나라도 거들어 주십시오.
마음으로부터 오는 긍휼함을 베풀 때
하나님의 긍휼하심을 얻습니다.
더불어 가정에 천국이 임할 것입니다.

어린 자녀들이 우리 부모님을 불쌍히
여기면 효자가 나옵니다.
이런 통계를 본 적이 있습니다.
많이 배우고 좋은 환경에서 자란 자녀들이
효도하는 일은 극히 적다는 것입니다.
그러나 저 시골에서 배우지 못한 부모가
당신들 입에 넣는 것은 아까워하며
힘써 가르친 자녀들은 효도 한다고 합니다.
자신을 위해 헌신한 부모님을
불쌍히 여기기 때문입니다.
어느 목사님께서 이런 말씀을 하셨습니다.
아이가 젖먹이 때는 일촌인데 이 아이가
초등학교 가니까 이촌이 되고,
중학교 가니 삼촌이 되고
고등학교 가니 사촌이 되고,
대학 가니 팔촌이 되더니 결혼시키고 나니
사돈네 팔촌이 되더라는 말씀이었습니다.
그만큼 부모 자녀 사이가 멀어진다는 것입니다.
가정마다 궁휼의 마음이 사라져 가고 있습니다.
어디서부터 엉켜버렸는지 서로

마음이 부대껴서 탓하고 원망만 합니다.

나이 많은 부모님을 불쌍히 여기는 마음조차

없으니 효도가 웬 말입니까?

고생이에 조금 모아둔 돈까지

싹싹 긁어가지 않으면 다행입니다.

당신은 부모님께 어떤 마음을 갖고 있습니까?

긍휼의 마음입니까? 아니면

탓하고 원망하는 마음입니까?

아내나 남편과 자녀, 그리고 내 부모님을 향해

긍휼히 여기는 마음을 품어야 합니다.

잘못했다 못했다 나에게 더 안 해줬다

말할 것이 아니라

그저 긍휼의 눈으로 바라보십시오.

서운한 마음이 있어도

먼저 긍휼의 마음으로 바라보십시오.

그리하면 선한 마음이 일어나고 미웠던

가족의 마음도 긍휼의 마음으로 바뀔 것입니다.

그러나 이 긍휼의 마음은

내 안에 성령님이 계셔야지만

완전할 수 있습니다.

직장에서도 원망스러운 사람이 있다면
긍휼의 마음으로 바라보길 원합니다.
어떤 분이 상사가 너무 힘들게 해서 직장을
그만두고 싶다고 말한 적이 있습니다.
나는 그분에게
거꾸로 생각해볼 것을 권했습니다.
'그분이 나같이 무능한 직원 만나서 얼마나
힘들면 그러겠는가? 나도 완벽한 인간이 아니니
허점이 있을 텐데, 실력 없는 직원 데리고
있는 부장님이 불쌍하다'고 말입니다.
오히려 나같이 못난 직원 데리고
얼마나 힘드십니까? 위로한다면
부장님이 바뀔 것입니다.
긍휼히 여기는 자가
긍휼함을 받기 때문입니다.
긍휼하십시오.
아무리 하나님을 찬양하고
하나님께 예배하고 선한 삶을 살지라도
긍휼의 마음을 갖지 않는다면 우리는 어쩌면
하나님의 사람이 아닐 수도 있습니다.

마태복음에 일만 달란트를 빚진 사람이
나옵니다. 그는 돈을 빌려준 주인이 빚을 갚으라
했지만 갚을 돈이 없었습니다.
주인은 그와 그의 아내와 자식들을 팔아
갚으라고 합니다. 빚진 사람은 빚을 갚을 테니
불쌍히 여겨 달라고 간청합니다.
그러자 그를 불쌍히 여긴 왕은
빚을 탕감해 주었습니다. 그런데 이 빚진 자가
길 가다 자신에게 일만 달란트에 비유할 수 없이
적은 백 데나리온의 빚을 진 친구를 만나
멱살을 잡고 돈을 갚으라 했습니다.
갚을 돈이 없는 친구는 돈을 갚을 테니
시간을 좀 달라고 간곡하게 부탁했지만,
그는 친구를 감옥에 가두었습니다.
그 소식을 들은 주인은 괘씸한 그를 잡아다가
일만 달란트를 다시 갚으라고 명령하고
감옥에 가두었습니다.
이 빚진 자의 모습은 바로 우리의 모습입니다.
우리는 하나님께 긍휼히 여김을
받았으면서 긍휼히 여길 줄 모릅니다.

빚진 자와 같이 긍휼히 여김을 받으려만 합니다.
이 말씀을 묵상하면서 하는 일들이 정당하지
못해 미워하고 원망하던 사람들을
떠올려 봤습니다.
그런데 문득 그런 생각이 들었습니다.
'그 사람들이 몰라서 그럴 수도 있었겠구나.'
하는 생각 말입니다. 이 생각이 들자
긍휼히 여기는 마음과 함께
잘하고 싶은데 본의 아니게 실수한 것을
원망하고 미워한 것 같아 오히려
미안한 마음마저 들었습니다.
사람은 살다 보면
어쩔 수 없는 상황이 생겨나기 마련입니다.
그것을 무조건 비난할 것이 아니라
이해하고 긍휼히 여길 줄 알아야겠습니다.
내 남편, 내 아내 그리고
자녀와 부모님뿐만 아니라, 이 나라의
지도자와 이웃들도 불쌍히 여겨야 합니다.
교회 안에서도 마찬가지입니다.
목사가 성도를 불쌍히 여기는 마음으로

바라본다면, 성도가 목사를 불쌍히 여기는
마음으로 바라본다면
그 교회는 행복할 것입니다.
성도끼리 서로 긍휼히 여긴다면
교회 담장 밖으로 좋은 소식만 넘어갈 것입니다.
교회의 직분자들을 긍휼히 여기십시오.
열심히 잘해보려 하는데도
간혹 보이는 부족함 때문에 공격한다면
죄를 짓는 것입니다.
긍휼히 여기는 마음으로 열심히 할 수 있도록
격려하고 기도로 도와주십시오.

이사야 49장 15절 말씀

여인이 어찌 그 젖 먹는 자식을 잊겠으며
자기 태에서 난 아들을 긍휼히 여기지 않겠느냐 그들은
혹시 잊을지라도 나는 너를 잊지 아니할 것이라

하나님께서는 아들의 피로
우리를 사셨습니다. 그렇게 피로 사신 우리를
얼마나 사랑하시는지 모릅니다.

육신의 어머니가 나를 잊을지라도 하나님은
우리를 잊지 않으실 것이라고 말씀하셨습니다.
그만큼 우리를 향하신 하나님의 사랑은
아주 깊습니다. 그리고 그 사랑만큼
우리를 긍휼히 여기십니다.
이 사실이 우리에게 큰 위로와 기쁨이 됩니다.
이처럼 우리도 누군가를 긍휼히 여겨
큰 위로와 기쁨을 주는
하나님의 참 자녀들이 되어야겠습니다.

긍휼 안에는 사랑이 숨겨 있습니다.
긍휼의 반대인 정죄와 판단 안에는
미움이 숨어 있습니다.
긍휼은 하나님이 주시는 마음이고
미움은 마귀가 주는 마음입니다.
때로는 이 미움이 나를 향할 때가 있습니다.
내가 나를 정죄하여 못 견디게 합니다.
자학하게 하고 내가 나를 포기하게 합니다.
그러다 보면 하나님을 원망하게 되고

그분과 멀어지게 됩니다.

내가 실수했을 때 나를 멍청하다 하지 마십시오.

나는 고작 이런 인간이라고 자책하지 마십시오.

"괜찮아. 그럴 수 있어."

다독이고 용기를 주어야 합니다.

특히 영적으로 곤고하여 넘어질 때

나 자신을 정죄하지 마십시오.

눈이 멀어 세상을 보지 못하고 일생을

거지로 사는 사람이 있었습니다.

그의 이름은 바디매오였습니다. 아무도 그에게

관심을 줘 주는 사람은 없었습니다. 지나가다

동전 몇 닢 던져주는 것이 전부였습니다.

그런데 어느 날 주님이

그의 곁을 지나가실 때 소리 높여

"다윗의 자손 예수여 나를 불쌍히 여겨주십시오!"

하고 외쳤습니다. 주변에 있던 사람들은

조용히 하라고 그를 꾸짖었습니다.

그러나 그는 더욱 큰 소리로

불쌍히 여겨 달라고 부르짖었습니다.

예수님께서는 그를 데려오라고 하셨습니다.

그를 데려오자 예수님께서 물으셨습니다.

"네게 무엇 해주기를 원하느냐?"

그는 보기를 원한다고 대답했습니다.

그러자 예수님께서 "네 믿음이 너를 구원하였다."

선포하셨고 그는 눈을 떴습니다.

바디매오는 육의 눈이 어두웠지만 우리는

영의 눈이 어두워질 때가 있습니다.

예수님께서는 영의 눈이

어두워진 우리를 보실 때 참 마음 아파하십니다.

영이 어두워져 마귀에게 미혹 당하여

육신적으로도 어려움에 부닥쳤을 때 우리 역시

소경 바디매오처럼 큰 소리로

두 번 세 번 절실히 부르짖어야 합니다.

"주님, 어두워진 나의 영을 긍휼히 여겨 주시옵소서!"

95년도 6월이었습니다.

동탄에서 오산으로 들어가는 그 길에서 사고를

목격했습니다. 할아버지가 길을 건너오시다가

택배 차량에 치이는 사고였습니다.

차에 치인 할아버지는 몸을 오그리고 경련을
일으키다 숨을 거두셨습니다.

차에서 내려 달려가 할아버지를 안았더니
뒤통수가 깨지고 깨진 뇌가
흘러내리고 있었습니다.

몸이 굳어가기 시작하는
할아버지의 손에는 모포기가 쥐어있었습니다.

간신히 모포기를 뜯어내고 경찰이 와서야
차로 돌아온 나는 피비린내가
진동하는 몸으로 운전하면서 새삼
이런 생각이 들었습니다.

'평생 먹고 살기 위해 아등바등하다
허무하게 마칠 수도 있는 것이 인생이구나!
저렇게 일생을 마치고 구원받지 못한 채
지옥에 간다면 얼마나 불쌍한가!'

그러자 하나님을 알지 못하는 그 영혼들이
더없이 안타깝고 불쌍했습니다.

전도는 이런 불쌍히 여기는 마음,
긍휼에서 시작하는 것입니다.

땅끝까지 전하라고 하셨던 예수님도
복음을 듣지 못해 지옥에 갈 수밖에 없는
영혼들을 불쌍히 여기시며
부지런히 전하셨습니다.
긍휼은 단순히 불쌍하다고 생각만 하는 게
아니라 행동하는 것입니다.
자신을 팔아넘겼던 형들을 긍휼히 여겨
용서한 요셉처럼 말입니다.
우리도 긍휼히 여겨 용서해야 합니다.
믿지 않는 자들의 영혼이 불쌍히
여겨진다면 나가서 전도해야 합니다.
가난하고 삶이 고된 사람이
불쌍히 여겨진다면 가서 도와야 합니다.
하나님께서 생각만이 아니라
실행하셔서 우리 영혼이
죄에서 건짐을 받았던 것처럼 말입니다.
우리도 누군가를 긍휼히 여겨 실행하므로
그들에게 회복이 일어나야 합니다.
그것이 진정 긍휼히 여겼을 때
나타나는 열매입니다.

우리가 예수님의 마음을 품으면
내 주변 사람들의 딱한 처지와 상황이
내 일처럼 아픕니다.
긍휼히 여기는 마음을 품으면
늘 보는 가족과 이웃과 직장 동료들과
함께 신앙하는 성도들, 그리고 길에 지나가는
낯선 사람 또한 달리 보입니다.
긍휼한 마음으로 기도할 때
진정 예수님의 마음으로
누군가를 위해 기도하게 됩니다.
죽어가는 영혼이 견딜 수 없이 불쌍해
가슴 치며 기도하게 됩니다.
그리고 한 사람 한 사람을
소중히 여기고 그들을 위해 기도할 것입니다.
그들의 어려움이 곧 나의 어려움이 되어
같이 마음을 쓰고 돕게 될 것입니다.
그러면 이 모든 일이
내게 기쁨으로 다가올 것입니다.
일만 달란트 빚진 종을 불쌍히 여긴 주인과
나눠 준 재산을 가지고 방탕하게 살다 돌아온

아들의 목을 끌어안고 입을 맞춘 아버지,
그리고 강도 만났던 자를 불쌍히 여긴
사마리아인은 곧 하나님이며,
빚진 종과 탕자와 강도 만난 불쌍한 자는
바로 우리입니다.
하나님은 이런저런 죄를 짓고
삶에 지친 우리를
긍휼히 여기고 계십니다.
만약 우리가 죄를 지을 때마다
긍휼히 여기지 않으시고 벌을 내리신다면
우리는 살아갈 수가 없을 것입니다.

사람들이 잘 쓰는 말이 있습니다.
'법대로 하자!'입니다.
하나님을 안다면
그분 앞에서도 법대로 합시다! 라고
말할 사람이 몇이나 되겠습니까?
하나님께서 법대로 하신다면
온전하게 살아남을 사람은
단 한 사람도 없습니다.

우리는 하나님의 긍휼하심으로
말미암아 사는 것입니다.
예수님께서는 우리에게
긍휼히 여기는 자는 복을 받을 것인데
그것은 긍휼히 여김을 받는 복을
받을 것이라고 말씀하셨습니다.
그러나 우리에게는
긍휼히 여기는 마음이 없습니다.
예수님은 그 자체의 성품이
긍휼이신 분이시지만, 우리는 애초부터
긍휼이 장착되지 않은 인간입니다.
반면 냉정하게 비판하고 비난하고 정죄하는 것은
완벽하게 갖춰져 있습니다.
그러나 성령이 내 안에서
긍휼히 여길 수 있도록 도우신다면
우리도 얼마든지
긍휼히 여길 수 있습니다.

어떤 믿지 않는 사람들은
기독교를 폄하하며

개독교, 개먹사, 야훼 그 녀석이라고
비하합니다. 아시다시피
개독교는 기독교,
개먹사의 먹사는 목사,
야훼는 하나님입니다.
그들은 하나님을 그 녀석,
혹은 그 자식이라고도 합니다.
우리에겐 울분이 솟고 피가 거꾸로 솟는 말입니다.
하지만 우리는 그들과 다툴 것이 아니라
그들을 불쌍히 여겨야 합니다.
하나님을 모르는 저들이
몰라서 하는 것이기 때문입니다.
그런데 그들이
하나님을 모독하게 한 건
우리 책임이 크다고 생각합니다.
산상수훈의 말씀과
반대로 살아가는 모습을 너무 많이,
자주 보여주었기 때문입니다.
이 사실만 본다면 우리가 그들을 긍휼히
여겨야 할 것이 아니라

그들이 우리를 긍휼히
여겨줘야 할 것 같습니다.
참 부끄러운 우리의 자화상입니다.
우리는 하나님께
긍휼의 빚을 진 자들입니다.
갚아야 합니다.
그런데 누군가를 긍휼히 여기지 않으면
사실 자신이 더 힘듭니다.
누군가를 판단하고 정죄하고 미워함이
오히려 내 영혼에는 고통이기 때문입니다.
우리는 화살이 날아올 때
방패로 막아야 합니다.

용서와 사랑으로 단단하게 만들어진
긍휼의 방패로 말입니다.

사랑하는   에게.

　　　　나, 예수로부터.

나는 때가 되어 하늘로 부르심을 받을 스데반을 편히 앉아서
기다릴 수가 없었다. 아버지 우편에 서서 그를 기다리며
순교의 장면을 지켜보았다. 나를 십자가에 못 박은
자들은 변함없이 무자비했다. 그들이 던진 돌에 스데반의
눈이 터져 퉁퉁 부어오르고 머리는 깨져 피에 머리카락이 젖고
얼굴 뼈는 으스러질 정도였다. 뼈마디 마다가 아스러지고
몸의 살점들은 터져 검붉은 피가 흘렀다.
그러나 스데반은 몸을 가누지도 못하면서 입에 고이는
피를 삼키며 하늘을 향해 간절히 구했다.
"주여! 이 죄를 저들에게 돌리지 마옵소서!"
스데반의 간절한 마음은 십자가 위에서의 나의 마음과
같았다. 긍휼히 여기는 그 마음. 때론 나를 믿는다는
이유로 너에게 돌을 던지고 조롱하고 핍박하는 이들이
있을 것이다. 그 사람이 네 아내나 남편이 될 수도 있고
친구가 될 수도 있고 친인척이 될 수도 있다.

하지만 너는 그들이 알지 못해서 그런 것이니 불쌍히

여겨야 한다. 그때마다 억울할 것 없다.

내가 너의 마음을 알고 있으니. 하나님 우편에 서서

내가 너를 지켜보고 있으니 두려워하지도 말아라.

그리고 믿지 않는 사람들이 하나님을 야훼 그 녀석이라

불러도 그들을 미워해서는 안 된다.

그들이 몰라서 하는 것이니 너는 그들을 품고 기도해야 한다.

전도는 그런 자들을 불쌍히 여기는 마음에서 시작된다.

그들에게 긍휼을 베풀며 복음을 전하고

천국 백성이 될 수 있도록 돕는 네가 되길 원한다.

누군가를 판단하고 정죄하고 미워하는 것은

오히려 네 영혼에 고통이다. 네게 미움과 수군거림과 비방과

갖가지 핍박의 화살을 쏠 때 너는 방패로 막아라.

용서와 사랑으로 단단하게 만들어진 긍휼의 방패로 말이다.

그리고 마지막으로 세상에서 제일 행복한 사람은

하나님이 불쌍히 여겨 주시는 사람이다.

그러니 긍휼히 여겨라.

긍휼히 여기는 사람은 우리 아버지께서 긍휼히 여겨 주신다.

이 복 또한 네가 받기를 나는 간절히 원한다.✝

마음을 청결히 하여라.
사람에게 보이려 하지 말고 순수한 마음으로 하나님께만
초점을 맞추어라. 그러므로 네가 하나님을 경험하는 복,
그 최고의 복을 누리기를 나는 간절히 원한다.

the Sermon on the Mount 6

마음이 청결한 자

마음이 청결한 자

마태복음 5장 8절 말씀

마음이 청결한 자는 복이 있나니 그들이
하나님을 볼 것임이요

예수님께서는 마음을 청결히 하라고
말씀하셨습니다. 그러나 우리는
세수한다, 샤워한다, 몸은 청결히 하면서
마음을 청결하게 하는 것에는
그다지 신경 쓰지 않습니다.

사는 것이 바빠 내면을 들여다볼 틈도 없고
보이면 닦거나 쓸 텐데
내면은 전혀 보이지 않기 때문입니다.
청결함이란 순수함입니다.
순수하다는 것은 전혀 다른 것이
섞이지 않은 것을 뜻합니다.
그래서 예수님께서는 어린아이와 같아야
천국에 갈 것이라고 말씀하셨습니다.
우리는 아이처럼 오직 하나님만을 향한 순수한
마음이어야 천국에 갈 수 있고
하나님을 볼 수 있습니다.
그러나 우리는 세상을 살아가는 동안
얼마나 많이 포장하며
겉과 속이 다르게 사는지 모릅니다.
이것을 위선이라 합니다.

위선 하면 대표적으로 바리새인을
가장 많이 떠올립니다. 그들은 항상 입으로만
하나님을 부르짖으며 거룩을 이야기하고
말씀을 논하며 하나님 나라에 대해 이야기했습니다.

그리고 그들은 이마와 손에 말씀을 붙이고
정한 시간에 길모퉁이에 서서 기도하며
철저히 십일조를 바치고 율법을 지켰습니다.
겉으로 보이는 그들은
완벽한 정결함의 종결자들이었습니다.
그러나 이 모든 행위에는
하나님을 사랑하는 마음보다
사람에게 보이기 위한 불순한 동기가
숨어 있었습니다. 그런 바리새인을 예수님께서는
'회칠한 무덤'에 비유하셨습니다.
회칠한 무덤은 겉은 번지르르하나
속은 시체가 악취를 풍기며 썩고 있습니다.
예수님께서는 이렇게 그들의 순수하지 않은
마음을 꼬집으셨습니다.
그런데 비단 바리새인들뿐일까요?
우리에게도 보이기 위한 신앙, 보이기 위한 봉사,
보이기 위한 경건의 모습들이 있습니다.
하나님 보시기에 가증스러운 모습이죠.
하나님 앞의 모든 행위는
바리새인처럼 가식과 위선의 불순물이

섞이지 않은 순수한 마음에서 행해져야 합니다.
그 하나님만 향한 순수한 마음이
곧 청결한 마음입니다.

많은 것을 가져야 만족이 있을 줄 알지만
사실 그 많은 것 혹은 욕망을 품은
어떤 하나를 포기하고 하나님만 의지했을 때
만족이 있습니다. 이성적으로는
이해가 되지 않지만 에덴동산 사건을
보면 이해할 수 있습니다.
아담과 하와는 무엇 하나 부족함 없는
아름다운 에덴동산에서 하나님과 가까이 교제하며
살았습니다. 벌거벗음이 부끄럽지 않았던
그들의 마음은 오직
하나님 말씀만 존재했습니다.
그런데 어느 날 뱀의 모습으로 나타난
사단에 미혹되어
아담과 하와의 마음에
욕망이 들어왔습니다.

마음에 하나님 외에
다른 마음을 품게 된 것입니다.
그러자 그들은 하나님께서 허락하지 않으신
선악과에 눈을 돌렸고 그것을 먹고 말았습니다.
그런데 보암직한 선악과를 먹으면
하나님처럼 되고 지혜롭게 될 줄 알았던
그들의 말로는 비참했습니다.
만족은커녕 아담과 하와는 하나님과 분리가 되어
에덴동산에서 쫓겨나는 신세가 되었습니다.
그들의 마음이 한마음,
하나님만 품었다면 이런 결과는
초래하지 않았을 것입니다.
두 마음은 위험합니다.
그러나 우리는 끊임없이 하나님 외의 마음을
품으려 합니다. 그것에 의지하고 끌려갑니다.
그 마음은 청결한 마음이 아닙니다.

야고보서 4장 8절 말씀

하나님을 가까이하라 그리하면 너희를 가까이하시리라
죄인들아 손을 깨끗이 하라 두 마음을 품은 자들아

마음을 성결하게 하라

순수하게 아내만 바라보던 남편의 마음에
다른 여인이 들어오는 순간 그 마음은
더는 아내를 향한
순수한 마음일 수 없습니다.
마음이 둘로 나뉘면 반드시 표가 납니다.
아내에게 점점 소홀하고 무관심해집니다.
대화조차 귀찮아합니다.
그러다 보면 갈등하게 되고 갈등하다 보면
어느새 완전히 마음이 떠나고
결국 파탄에 이르게 됩니다.
순수했던 우리의 마음도
둘로 나뉘게 되면 하나님만 온전히
바라보지 않게 됩니다.
하나님과 세상을 함께 품으면 자꾸만
하나님의 은혜가 아닌 다른 것으로 채우려 합니다.
하나님의 말씀도 귀에 들리지 않습니다.
대신 야심에 이끌려
세상의 정보에 귀를 기울이고

오로지 세상을 쫓아가려 합니다.
그러다 보면
마음이 떠나게 되고 하나님과 완전히
이별하는 사람이 있습니다.

우리는 오직 한마음이어야 합니다.
오직 하나님께만 초점을 맞춰야 합니다.
다니엘은 사자굴에 던져질 것을 알면서도
칙령을 어기고 하루 세 번
예루살렘을 향해 무릎을 꿇고 기도했습니다.
하나님께 초점이 맞춰져 있었기 때문에
사자굴에 처한 상황과 두려움은
눈에 들어오지 않았습니다.
그에게는 오직
하나님에 대한 사랑과 신뢰만 있었습니다.
이렇듯 초점을 하나님께 맞춘 사람은
그 어떤 상황도 두렵지 않습니다.
그 두려운 순간,
하나님께서 자신을 보이시기 때문입니다.
이것이 마음이 청결한 자의 복입니다.

두 마음을 품지 마십시오.

특히 하나님과 물질을 함께 품지 마십시오.

하나님보다 물질을 쫓아가고 그것이

내 것이 된다 해도 행복해지는 것이 아닙니다.

물질을 많이 가지고 있다고 해서

그것이 온전히 나를

행복하게 해주지 않습니다.

행복은 오직 하나님 한 분만을 내 마음에 모신,

마음이 청결한 사람만이

진정으로 누릴 수 있습니다.

마음에서는 모든 생각과 말과 성품과

판단과 행동이 이루어집니다. 예수님은 이 마음

곧 마음의 중심을 보십니다.

사무엘상 16장 7절 말씀

여호와께서 사무엘에게 이르시되 그의 용모와 키를

보지 말라 내가 이미 그를 버렸노라 내가 보는 것은

사람과 같지 아니하니 사람은 외모를 보거니와

나 여호와는 중심을 보느니라 하시더라

우리가 흔히 "저 사람 좋은 사람이야"라고
말할 때 얼굴이 잘생겼거나 어떤 높은 위치에
있기 때문에 좋은 사람이라고 하지 않습니다.
두고두고 그의 됨됨이가 바를 때
좋은 사람이라고 합니다.
그러나 아무리 됨됨이가 발라 보여도
그 속마음은 알 수 없습니다.
그만큼 우리의 겉모습은 그럴싸해도 마음에는
온갖 탐욕과 욕망과 미움 같은
불순한 마음들로 채워져 있다는 말입니다.

마태복음 15장 18-20절 말씀
입에서 나오는 것들은 마음에서 나오나니
이것이야말로 사람을 더럽게 하느니라
마음에서 나오는 것은 악한 생각과 살인과 간음과
음란과 도둑질과 거짓 증언과 비방이니 이런 것들이
사람을 더럽게 하는 것이요 씻지 않은 손으로
먹는 것은 사람을 더럽게 하지 못하느니라

입에서 나오는 온갖 말들은 마음에서
나옵니다. 이것이 사람을 더럽게 합니다.
씻지 않은 손으로 먹는 것은
우리를 더럽게 하지 못합니다.
마음에서 나오는
온갖 더러운 말과 행동으로 옮겨지는
더러운 생각들이 우리를 더럽게 합니다.
특히 우리의 영을 썩게 합니다.
평소 내 입에서 나오는
말과 행동을 생각해봅시다.
생각해보면 어떤 마음들이 내 안에
고여 있는지 알 수 있습니다.
욕설과 비방과 비난하는 말을 많이 하는 편입니까?
칭찬과 격려와 마음을 다독이는 말을
많이 하는 편입니까?
주로 어떤 행동을 합니까?
어떤 생각을 많이 합니까?
원수를 갚으려는 생각과 탐욕, 미움,
멸시, 음란, 비방하는 생각들이
끊임없이 샘솟지 않습니까?

이런 모습을 보면 우리 마음속에는
죄로 오염된 옹달샘이 있는 것 같습니다.
끝도 없이 죄 된 마음들이 샘솟으니 말입니다.
그렇다면 어떻게 하면 되겠습니까?
방법이 있습니다.
청결하지 못함을 회개하며 자꾸 퍼내야 합니다.
그리고 그 안에 생수인
말씀과 찬양과 기도로 채우고
채우면 됩니다.

바울은 율법을 붙잡고 살아가면서
대단한 의에 빠졌던 사람입니다.
그런데 그가 참 하나님이신 예수님의 말씀을 통해
성령의 기름 부으심을 받고 난 후
자신이 얼마나 거짓과 위선과 죄악이
가득한 인생인지를 직시했습니다.
그리고 그런 자신을 보며 절망했습니다.
사람들은 남의 잘못과 실수는 정확히 볼 줄
알아도 내 속에 있는 죄를
정확히 보는 사람은 드뭅니다.

그런데 바울은 자신의 죄 된 마음을
정확히 꿰뚫어 보며
"내 속사람은 하나님의 법을 즐거워하되 내
지체 속에서 또 다른 법이 내 마음의 법과 싸워
내 지체 속에 있는 죄의 법으로 나를
사로잡는 것을 보는도다"라고 말했습니다.

마음으로는 하나님의 법에 복종하는 반면
죄악 된 본성은 죄의 법에 복종한다는 뜻입니다.
이 바울의 고백은
우리의 고백이기도 합니다.
우리도 마음으로는
하나님의 말씀에 순종하려고 하지만
결국에는 말씀이 아닌 죄를 따라갑니다.
우리는 이 부분을 직시하고 죄가
나를 장악하지 못하도록 싸워야 합니다.
죄는 달콤하고 자극적인 모습으로
들어옵니다. 눈으로 음란한 것을 보게 하여
죄를 짓게 합니다. 보암직한 남의 것을
탐하게 하여 죄를 짓게 합니다.

먹음직한 음식이 차려진 식탁 앞에서
누군가를 맛있게 험담하는 죄를 짓게 합니다.
부패한 음식물에 파리 떼가 꼬이는 것처럼
죄가 가득한 마음에 죄의 유혹은 쉼 없이
찾아옵니다. 그때마다
넘어지시렵니까?
예수 그리스도의 이름으로
결박하고 대적해야 합니다. 무엇보다
내 마음이 우선 청결해야 합니다.

하나님을 만나면 반드시 삶이 바뀝니다.
그러나 누구나 하나님을 만날 수 있는 것이
아닙니다. 마음이 청결한 사람이 만날 수 있습니다.
그러나 사단은 우리의 마음이
청결할 틈을 주지 않습니다.
매 순간 마음에 더럽고 추악한 마음을
뿌리고 반응하게 합니다. 그때마다
예수님의 이름으로 깨끗하게 쓸어버려야
합니다. 반응하고 실행으로 옮겼다면

그 즉시 회개해야 합니다.

한순간 후회하고 또다시 죄를 짓는 것 말고

완전히 돌이켜 다시는 똑같은 죄를 짓지 않도록

완전한 회개를 해야 합니다.

단 내 기준에서 이것은 죄다, 아니다를

판단해서는 안 됩니다. 정확히 하나님 말씀에

비추어 판단해야 합니다.

우리는 아담의 원죄로 인해 죄를 가지고

태어납니다. 말도 못 하는 아기들이

가르쳐주지도 않았는데

성질이 나면 머리카락을 잡아당기고

손에 쥐고 있는 물건을 집어 던지는 것을 보면

알 수 있습니다. 이렇게

사람의 마음에는 악함이 있습니다.

끊임없이 죄를 만들고 죄를 끌어들입니다.

그러므로 산상수훈은

반드시 나에게 적용해야 할 말씀입니다.

산상수훈은 기독교의 대헌장이라고 합니다.

헌법입니다. 반드시 지켜야 합니다.

이 여덟 가지 말씀은

따로 떼어놓을 수 없습니다.

심령이 가난한 자는 애통하며

애통해하는 자는 온유합니다.

온유한 자는 의에 주리고 목마릅니다.

의에 주리고 목마른 사람은 긍휼히 여기며,

긍휼히 여기는 자는 마음이 청결합니다.

마음이 청결한 사람은 화평케 합니다.

화평케 하는 자는 의를 위해 박해를 받습니다.

아주 신비합니다.

따로따로인 것 같으나 이 여덟 가지는

하나입니다. 우리는 이 여덟 가지 말씀을

삶에서 모두 지켜야 합니다.

인간이 얼마나 탐욕스럽고 이기적인지를

언젠가 식당에서 알게 되었습니다. 식사하는 중에

문득 보니 함께 간 일행들이

밑반찬을 재주문하느라 스무 번이나

심부름을 시키는 것이었습니다.

그런데 식사를 마치고 보니

재주문한 음식들이 거의 남겨진 상태였습니다.

다 먹지도 못하면서 욕심을 부린 탓에

음식쓰레기만 만들게 된 것이죠.

그런데 마지막까지 실망스러움을 금치 못했습니다.

후식을 뭐로 드릴까요? 물으니

"있는 대로 다 주세요." 합니다.

식혜도 먹어야 하고

커피도 마셔야 하고

또 녹차도 마셔야 하고

과일도 먹어야 하고 말이죠.

인간은 참 탐욕스럽고 이기적이라는 생각이

들었습니다. 그런데 그렇게 많이 먹으면

어떻게 합니까? 탈이 나서

소화제를 먹기도 하고 살찔 것을 염려해

러닝머신 위에서 뛰기도 합니다.

바로 이 모습이

하나님이 보시는 우리의 모습이

아닐까 싶었습니다.

하나님께서 주시는 은혜에

만족하지 못하고 탐욕으로 더! 더! 하다
영적으로 탈이 나는 모습 말입니다.
영적으로 탈이 나면 어떻게 됩니까?
하나님과의 관계에 탈이 납니다.
탐욕을 버리십시오.

에베소서 4장 22-23절 말씀
너희는 유혹의 욕심을 따라 썩어져 가는
구습을 따르는 옛사람을 벗어 버리고 오직 너희의 심령이
새롭게 되어 하나님을 따라 의와 진리의 거룩함으로
지으심을 받은 새 사람을 입으라

옛 성품과 기질들을 다 버리고
심령이 새롭게 되어 우리 예수님의 마음이
내 마음이 되고 그 마음 그대로
삶에서 구현되기를
바랍니다.
미운 생각이 들어오면 불쌍히 여기고,
누군가 마음에 거슬리면
그 사람을 이해하려 하십시오.

일상에서의 간단한 예를 든다면
운전할 때에 자동차 뒤에 익투스ΙΧΘΥΣ라고
쓴 물고기 모양 스티커를 붙이고 다니며
과속하고 추월하지 않았으면 좋겠습니다.
앞차가 조금만 실수해도
빵빵 클랙슨을 누르고 창문 열고
손가락질하지 않았으면 좋겠습니다.

익투스는 각 단어의 첫 단어를 따서 만든
글자로 '주는 그리스도시오 살아계신 하나님의
아들입니다'라는 신앙고백입니다.
그 고백을 담은 마음으로
배려하는 크리스천이 되었으면 좋겠습니다.
식당에서도 먹을 만큼만 주문하고
탐욕을 부리지 않기를 바랍니다.
뒤에서 남을 욕하고 비방하지 않기를 바랍니다.
이러한 모습과 말들이 수시로
튀어나온다는 것은 내 마음이 어떤 마음들을
품고 있는지 적나라하게 보여주는 것과
같다는 것을 안다면 말입니다.

로마서 1장 28절 말씀

또한 그들이 마음에 하나님 두기를 싫어하매
하나님께서 그들을 그 상실한 마음대로 내버려 두사
합당하지 못한 일을 하게 하셨으니

하나님께서는 사랑하는 우리가
그릇된 길을 걸어갈 때 강한 채찍을 들어서라도
바른길을 가도록 하십니다. 그러나
하나님을 하찮게 여기는 사람들은
하나님께서 타락한 생각에 빠지게 두시고
해서는 안 될 일들도 하게 내버려 두십니다.
그런데 하나님을 하찮게 여기는 사람들은
어떤 마음을 품었습니까?

로마서 1장 29-31절 말씀

곧 모든 불의, 추악, 탐욕, 악의가 가득한 자요
시기, 살인, 분쟁, 사기, 악독이 가득한 자요
수군수군하는 자요 비방하는 자요 하나님께서 미워하시는
자요 능욕하는 자요 교만한 자요 자랑하는 자요

악을 도모하는 자요 부모를 거역하는 자요 우매한 자요
배약하는 자요 무정한 자요 무자비한 자라

이 마음은 청결하지 않은
사람의 마음속에 있는 것들입니다.
마음이 청결하지 않은 사람은 곧
하나님을 하찮게 여기는 사람입니다.

로마서 1장 32절 말씀

그들이 이같은 일을 행하는 자는 사형에 해당한다고
하나님께서 정하심을 알고도 자기들만 행할 뿐 아니라
또한 그런 일을 행하는 자들을 옳다 하느니라

이렇게 청결치 않은 마음을 품고
행하는 자들은 죽어 마땅하다는
하나님의 법규를 알면서도
흉악한 짓을 행하고 자신들과 똑같은 짓을 행하는
사람들을 옳다고 합니다. 이 얼마나
하나님 앞에 죄 된 모습입니까?
이런 사람들은 결코 하나님을 볼 수 없습니다.

마음이 청결한 사람이
하나님을 볼 것이라고 하셨습니다.
눈으로 본다는 것은 직접
그분을 본다는 뜻이 아닙니다.
사람은 거룩하신 하나님을 볼 수 없습니다.
본다는 것은 하나님을 경험하는 것을 말합니다.
하나님은 마음이 청결한 사람에게
살아계셔서 역사하심을 보여주십니다.
모세에게는
호렙산 불타는 떨기나무 가운데서
음성으로, 그리고 홍해 바다를 가르시고
만나와 메추라기와 여러 이적을 통해
하나님을 경험하게 하셨습니다.
야곱에게는 앞으로 될 일을 꿈꾸게 하심으로,
사자굴에 던져진 다니엘에게는
천사들을 보내 사자의 입을 봉하게
하심으로 경험하게 하셨습니다.
그러나 이들뿐만 아니라 지금도
하나님께서는 여러 상황 속에서
우리에게 보이시고 경험하게 하십니다.

온전히 하나님만 의지하며 기도했을 때
문제를 해결해주심으로 경험하게 하십니다.
혈기가 오를 때
말씀을 묵상하며
마음을 다스리는 중에
마음을 평온하게 하시므로 경험하게 하십니다.
마음이 괴로워 힘없이 하나님을 찾을 때
여러 방법으로 위로하시므로
하나님을 경험하게 하십시다.
성경말씀이 읽히지 않아 기도했을 때
말씀이 눈에 들어오게 하시므로 경험하게 하십니다.
평생 교회 문턱은 넘지 않을 것 같은
남편을 위해
예수님의 이름으로
사랑을 베풀며 전도했을 때
남편이 예수님을 영접하는 기적을 체험하게
하시므로 하나님을 경험하게 하십니다.
물론 어려움뿐만 아니라
즐겁고 행복한 일을 통해서도
하나님을 경험하게 하십니다.

마음이 청결한 사람은
이렇게 하나님을 볼 수 있습니다.
하나님을 볼 때마다
풍성한 은혜를 누립니다.
물론 우리의 마음이 완벽하게 청결하므로
하나님이 보이시는 것은 아니라고 생각합니다.
하나님 앞에서 청결하게 살고자
애를 쓰고 애를 쓴 만큼
청결해져 가는 모습을 어여삐 보시고
보여주시는 것으로 생각합니다.

이 글을 읽는 중에
지금까지 마음을 청결하게 하며
잘 살아온 것 같은데
티끌만 한 것이라도
청결치 않은 것이 속에 있음을
성령께서 터치하셨다면
즉시 마음을 청결히 하십시오.
진정 우리 하나님을 볼 수 있도록 말입니다.

🌿

사랑하는   에게.

            나, 예수로부터.

바리새인들은 이마와 손에 말씀을 붙이고 정한 시간에

길모퉁이에 서서 기도하며 철저히 십일조를 바치고 율법을 지켰지.

그러나 그 모든 행위에는 하나님을 사랑하는 마음보다

사람에게 보이기 위한 불순한 동기가 숨어 있었다.

나는 그런 바리새인들을 겉은 번지르르하나 속은 시체가

악취를 풍기며 썩고 있는 '회칠한 무덤'에 비유했다.

그런데 비단 바리새인들뿐일까?

아니다. 여전히 지금도 나는 크리스천들의 보이기 위한 신앙,

보이기 위한 봉사, 보이기 위한 경건의 모습들을 보고 있다.

하나님 보시기에 가증스러운 모습들을 말이다.

입에서 나오는 온갖 말들은 마음에서 나온다.

마음에서 나오는 온갖 더러운 말과 행동으로 옮겨지는 더러운

생각들은 너를 더럽게 한다. 특히 네 영을 썩게 한다.

원수를 갚으려는 생각, 탐욕, 미움, 멸시, 음란, 비방하는

생각들이 네 마음에 고여 있다면 마음이 청결하지

못함을 회개하며 퍼내어라. 그리고 그 안에
생수인 말씀과 찬양과 기도로 채우고 채워야 한다.
마음이 청결한 사람이 하나님을 볼 것이다.
본다는 것은 하나님을 경험하는 것을 말한다.
모세에게는 호렙산 불타는 떨기나무 가운데서 음성으로,
그리고 홍해바다를 가르시고 만나와 메추라기와 여러 이적을
통해 경험하게 하셨다. 그러나 이들뿐만 아니라 하나님은
지금도 여러 상황, 여러 모습을 통해 자신을 보이시고
경험하게 하신다. 마음이 괴로워 힘없이 하나님을 찾을 때
여러 방법으로 위로하시므로 경험하게 하시고,
성경말씀이 읽히지 않아 기도했을 때 말씀이 눈에
들어오게 하시므로 경험하게 하신다.
그렇다면 너는 하나님을 경험한 적이 있느냐?
매 순간 하나님을 경험하기를 원하느냐? 잊지 않아야 할 것은
마음이 청결하지 않은 사람은 곧 하나님을 하찮게 여기는
사람이라는 것이다. 마음을 청결히 하여라.
사람에게 보이려 하지 말고 순수한 마음으로
하나님께만 초점을 맞추어라.
그러므로 네가 하나님을 경험하는 복,
그 최고의 복을 누리기를 나는 간절히 원한다.✝

하나님과 세상 사람들을 화목케 하는 피스메이커가 되어라.
그것이 네게 복이다. 그러나 너의 힘으로는 어렵다.
그 힘은 네게 은혜로 주어지는 것이다. 오직 내 안에서 말이다.
그러므로 너는 하나님과 화목하여라. 내가 너를 도울 것이다.

the Sermon on the Mount 7

화평케 하는 자

화평케 하는 자

마태복음 5장 9절 말씀

화평하게 하는 자는 복이 있나니 그들이
하나님의 아들이라 일컬음을 받을 것임이요

예수님은 이 땅에 오실 때에
평화의 왕으로 오셨습니다.
평화의 왕으로 오신 그분은 막힌 담을
자신의 육체로 허무셨습니다.
십자가를 지신 것입니다.

에베소서 2장 14-15절 말씀

그는 우리의 화평이신지라 둘로 하나를 만드사 원수 된 것
곧 중간에 막힌 담을 자기 육체로 허시고 법조문으로
된 계명의 율법을 폐하셨으니 이는 이 둘로 자기 안에서
한 새 사람을 지어 화평하게 하시고

예수님은 십자가에서 죽으심으로
인간의 죄로 인해 막혔던 하나님과의 담을 허시고
우리와 화목하게 하셨습니다.
그런데 아이러니하게도
예수님의 죽음을 계획하시고 총지휘하신 분은
하나님이셨습니다. 죄 가운데 타락한
도저히 용서할 수 없는 죄인들을 위해
될 수 있으면 이 잔을 거둬달라는
절규에도 기어이 아들을 화목제로 삼으셨습니다.
이 사건은 우리를 사랑하셔서 화목하시길
원하시는 하나님의 확증이셨습니다.

화평은 성경에서 화목과 동의어로
쓰입니다. 원어의 뜻은 '덮어주다' 곧 용서를

말합니다. 우리 예수님은 십자가 위에서
흘리신 물과 피로 우리의 부끄러운
죄를 모두 덮어주셨습니다. 그 은혜로
우리는 죄에서 해방되었고
성령님을 통해 감히 하나님을 아바 아버지라
부를 수 있는 특권을 부여받았습니다.
완전한 하나님의 자녀가 된 것입니다.
그런데 지금
하나님과 화목하십니까?
세상 따라가느라 하나님과의 관계가
소원해지지는 않았습니까?
하나님과 유일하게
대화할 수 있는 기도를
임의대로 멈추지는 않았습니까?
마치 사춘기 아이처럼 할 말만 하지는 않습니까?
하나님께 예배드리러 가서
하나님은 뒷전이고 맡은 직분에
이리 뛰고 저리 뛰다 만 오지 않습니까?
일주일 동안 하나님 생각을
몇 번이나 하십니까?

하나님께서 기뻐하실 일과 싫어하실 일을
분별하며 살아가고 있습니까?
우리가 가장 화목해야 할 분은
하나님이십니다.
하나님과 화목한 사람은 누구와든 화목합니다.
진리로 분란이 있는 곳을
화평하게 만드는 역할을 담당합니다.
어디서든 기꺼이 화목제물이 됩니다.
그렇게 화목제물이 되었을 때
그곳에 평화가 있습니다.
그리고 화목제물이 된 우리는
하나님의 아들이라는 일컬음을 받을 것입니다.
세상은 아무개의 아들이라는 것만으로도
우쭐해 합니다. 그런데 하나님의 아들,
하나님의 자녀라고 불린다면
얼마나 영광스런 일이겠습니까?

그 아버지에 그 아들이란 말이 있습니다.
아들이 여러 면에서 아버지를 닮았을 경우를

이르는 말입니다. 우리도 하나님 아버지
처럼 화평케 하는 자가 되어야 합니다. 그러나
화평케 하기 위해서는
희생이 따르는데 쉽지 않은 일입니다.
우리에게는 화평케 하기보다 허물을 들춰내어
분쟁을 일으키는 걸 더 좋아하는 죄의
속성이 있기 때문입니다.

요한계시록 6장 3-4절 말씀

둘째 인을 떼실 때에 내가 들으니 둘째 생물이 말하되
오라 하니 이에 다른 붉은 말이 나오더라
그 탄 자가 허락을 받아 땅에서 화평을 제하여 버리며
서로 죽이게 하고 또 큰 칼을 받았더라

마귀는 서로 죽이게 하고 평화를 깨뜨립니다.
분쟁이 있는 곳에는 반드시 마귀가
있습니다. 모든 분쟁은 마귀로부터 시작됩니다.
가족끼리 이간질을 하고 증오하고
칼부림을 일으키게 합니다.
사랑이 차고 넘쳐야 할 교회 안에서도

진흙탕 싸움을 일으키게 합니다.

가는 곳마다 한 사람을 꼬집어 비난하고

흉보고 욕하는 데 앞장서서 분쟁을 일으킵니다.

내 선에서 듣고 끝날 이야기를

누군가에게 전하고 수군거려

분쟁을 일으키게 합니다.

우리는 이 모든 일이 마귀가

주관하는 것임을 모르지 않습니다. 또한

화평케 하라는 예수님의 말씀도

모르지 않습니다.

"예수님께 순종하는 자가 되겠습니다"

라고 입으로 고백까지 합니다.

하지만 정작 순종은

마귀에게 합니다.

이런 사람은 마귀와 화목和睦한 자입니다.

우리는 이렇게 의식 없이 숱한 날을

마귀에게 순종하며 살아왔습니다.

분쟁을 일으키도록 마귀가

밀 까부르듯이 우리를 부추긴다는 사실을

마치 모르는 듯 말입니다.

화목게 하기 위해서는 내 마음이 먼저
평화로워야 합니다. 일시적 평화로움이 아닌,
지금 당장 사형선고를 받는다 해도
동요하지 않았던
바울이 지녔던 평안함 말입니다.
바울은 손과 발이 차꼬에 채워진 채
습하고 차가운 감옥 안에서 찬송을 불렀습니다.
심한 고문의 후유증으로
머리가 이상해진 것이 아닙니다.
그의 마음 안에
평화의 예수님이 계시기 때문이었습니다.
그리고 그는 감옥에서 풀려나면
또다시 힘차게 복음을 전했습니다.
복음을 통해 하나님을 모르는 사람들이
그분과 화목게 하기 위해서였습니다.

바울처럼 어려운 중에도 진정한 평안을
맛보던 분이 계십니다. 대장암으로 몸이 돌처럼
굳어가는 투병생활 끝에 세상을 떠나신 분입니다.
그분은 본인은 물론 보는 이들도

힘겨운 투병생활 중에 하나님을 만났습니다.
그러자 그분이 달라졌습니다.
말끝마다 추임새처럼 할렐루야!를 외쳤습니다.
극심한 통증에 시달렸지만
하나님께서 주신 진정한 평안을 맛보자
그토록 힘들게 하던 부인을 극진히 대하며
화목한 모습을 보여주었습니다.
하나님을 떠난 어느 집사님을 앉혀놓고는
다시 하나님께 돌아오라고 야단치기도 했습니다.
하나님과 더는 화목하지 않아
안타까웠던 것입니다.
마치 마지막 사명인 듯 그분은 그렇게
화평케 하라신 예수님의 말씀에 순종하고
얼마 뒤 하나님 품에 안겼습니다.
눈을 감는 그 순간까지
"할렐루야, 예수님!"을 읊조리며 말입니다.

그분의 마지막 순간을 통해
나는 하늘나라를 엿볼 수 있었습니다.
이 세상과는 비교할 수 없는

그 아름답고 평화로운 천국을 말입니다.
이분처럼 내 안에 흐르는 평화는
내 안에서만 머무는 것이 아니라
가족에게, 직장 동료에게, 교회의 지체들과
이웃들에게로 흘러들어 갑니다.
서로 눈을 흘기고 상처 내는 곳에
평화가 흘러들어 가
분쟁을 막고 화평케 합니다.

자신의 과거로부터도 자유롭고 마음에 평안을
얻어야 합니다. 과거를 생각하면 마냥
즐겁고 행복한 사람이 있지만
과거의 기억으로
트라우마를 겪는 사람도 있습니다.
과거로부터 자유롭지 않아
마음이 평안하지 않은 사람은 과거에서
벗어나야 하는데 그때 희생이 필요합니다.
희생은 다름 아닌 트라우마를 겪게
만든 과거 속의 환경이나 그 누군가를

용서하는 것입니다. 그러나
용서가 쉽지 않습니다. 그것 때문에 받은
고통이 크기 때문입니다.
하지만 용서해야 합니다.
잠언 말씀에 무릇 지킬만한 것보다
너희 마음을 지키라고 말씀하셨습니다.
생명의 근원이 이에서 나기 때문입니다.
평안하지 않은 내 마음은
마귀로부터 지킬 수가 없습니다.
마귀는 생명의 근원인
마음을 빼앗아 갑니다.
마귀에게 빼앗긴 마음은
하루도 평안할 수가 없습니다.
마음이 평안하지 않으니 어느 곳에서든
분쟁을 일으킵니다. 빼앗은 내 마음을 사단이
마음껏 사용하기 때문입니다.
과거로부터 참 평안을 얻길 소망합니다.
그러나 우리의 힘으로는 어렵습니다.
평안은
예수님 안에서만 가능합니다.

어느 교회에 집회를 갔을 때의
일입니다. 그 교회는 A장로 팀, B장로 팀으로
나뉘어 있었습니다. 특별히 필요에 의해서가
아니라 서로 사이가 좋지 않아서였습니다.
두 팀은 서로 마주치지 않기 위해
8년째 예배를 각각 1, 2부 따로 드리고
있었습니다. 이런 상황을 전해 들으면서
마음이 참 아렸습니다.
원수 맺고 원망하고 다투고 미워하고 갈등하고
이간질하고 참소하고 비방하고 거짓말하고 속이고
시기하고 수군수군하고 다투고 당을 짓고
분쟁을 일으키는 이 일들이
교회 안에서 일어나고 있음에 말입니다.

예수님처럼 하나님을 믿지 않는 이방인들이
하나님과 화목할 수 있는 역할을 해야
하는데 실상은 이렇습니다.
교회와 교회, 교회와 성도, 목회자와 성도,
성도와 성도부터 화목하지 않습니다.
입으로는 교회가 하나님의 몸이라

고백하면서 그 안에서 분쟁을 일으키고
실수 하나 용납하지 않습니다.
사단이 실어주는 힘으로 더 미워하고,
더 잘못을 들춰냅니다.
그리고 어떻게 합니까?
하나님 앞에 모여 함께 찬송을 부르고
때론 눈물도 흘리며 죄를 자백하고
거룩하게 예배를 드립니다.
그리고 예배가 끝나면 다시 등을 돌리고
서로를 비난합니다. 이런 모습들이
하나님께서 보시기에
소름 끼치도록 가증스러운 일이라는 것을
생각해 보신 적 있으십니까?

기독교 안티카페에는
믿지 않는 사람들만 활동하는 것이 아닙니다.
현재 신앙생활을 하고 있는 사람들도
안티카페 회원으로 활동하고 있습니다.
왜일까요?
여러 이유가 있겠지만

그중 하나는 교회 안에서 서로 끊임없이
갈등하는 모습이 실망스러워서라고 합니다.
그래서 안티카페에 와서
하소연하는 것입니다.
참 비통한 심정을 금할 길이 없습니다.
이처럼 하나님을 믿는 우리와 교회는
그 존재 자체만으로
이 세상에서 트러블메이커가 되었습니다.
우리는 이 사실에 분개할 게 아니라 각성하고
하나님 앞에 회개해야 합니다.

성도들이 하나님만 생각하고
하나님 뜻에만 맞추려고 한다면
서로 화목하지 않을 리가 없습니다.
교회끼리도 서로 화목하지 않을 리 없습니다.
제발 그러지 맙시다.
십자가에서 흘리신 예수님의 보혈이
무색하지 않도록 우리가 먼저 화목 합시다.
지금의 모습으로는 절대
하나님과 믿지 않는 자들을

화목게 할 수가 없습니다. 물론
교회도 각자 다른 여러 사람이 오는 곳입니다.
갈등이 있을 수 있습니다.
하지만 우리는 평화의 왕으로 오신
예수님의 제자들입니다.
이 땅의 교회가 평화의 요람이 되도록
교회 안에서 각자 피스메이커
역할을 해야 합니다.

언젠가 어느 성도님께 남편이
병원 응급실에서 촌각을 다투고 있다는 전화를
받고 병원으로 급히 달려간 적이 있습니다.
가보니 의식이 없는
성도님의 남편은 전기 충격기로
심장에 충격을 가하고 있었습니다.
그 모습을 오열하며 바라보고 있던 성도님은
마트에서 함께 장을 보고 집에 오자마자
순식간에 벌어진 일이라고 말했습니다.
그 순간 사경을 헤매는

성도님의 믿지 않는 남편을 보면서

영혼구원은

절대로 미뤄서는 안 되는 것이라는 생각과 함께

문득 가족끼리 화목하게 잘 지낸 분들은

어느 날 이별이 찾아와도

그렇게 마음이 아프지는 않을 것이란

생각이 들었습니다.

아이와 엄마의 애착은 궁극적으로

분리가 목적이라고 합니다.

애착 형성이 잘 된 아이와 엄마는

분리도 잘 이루어진다고 합니다.

우리는 언제 무슨 일을 당하게 될지

아무도 예측할 수 없습니다.

자녀를 먼저 떠나보낼 수 있고

남편이나 아내를 먼저 떠나보낼 수 있습니다.

그렇게 먼저 떠나보낸 가족과

화목하지 않았던 사람은

두고두고 후회할 것입니다.

그러나 그때는

후회해도 소용없지 않겠습니까?

마른 떡 한 조각만 있고도 화목하는 것이 제육이
집에 가득하고도 다투는 것보다 나으니라

온갖 진수성찬이 차려진 식탁 앞에서
식구가 다투는 것보다
누룽지 한 그릇을 먹더라도
가족들과 화목한 가정이 행복한 가정입니다.
천국은 하나님의 말씀과
사랑과 평화가 있는 곳입니다.
이 땅에서의 천국은 가정입니다.
가정은 천국의 표본입니다.
그러므로 가정이야말로
하나님의 말씀과 사랑이 넘치는
평화로운 곳이어야 합니다.
그러나 사단은
가정이 천국이 되기를 원하지 않습니다.
지옥으로 만들어 가고 있습니다.
오늘날 가정에서는
상상조차 할 수 없는 끔찍한 일들이

벌어지고 있습니다. 아이들이 부모에 의해
무참히 살해되고 잔혹하게 학대당하고 있습니다.
자녀들은 보험금을 노려
부모와 형제를 살해하고 부부 역시
폭력이 난무하고 잔인한 방법으로 살해합니다.
이 밖에도 상상을 초월하는 끔찍한
일들이 일어나는 가정에서
빈번하게 일어나고 있습니다.
서글프게도 이제 더는 가정도
안전한 곳이 되지 못할 지경에 이르렀습니다.
그 배후에는 누가 있습니까?
마귀가 있습니다.
가장 안전하고 평화로워야 할 가정마저 마귀는
천국이 아닌 지옥으로 만들어 가고 있습니다.
하나님을 믿는 가정이라고
안심할 수 있습니까?
마귀는 믿는 가정을 노리지 않겠습니까?
목회자의 가정을 노리고
장로의 가정을 노리고
성도들의 가정을 두루두루 노립니다.

믿는 가정의 모습이 지옥 같아야
하나님을 욕되게 할 수 있으며
하나님을 믿지 못하도록 막을 수 있는
좋은 방법이기 때문입니다.
그러므로 가족이 화목하기 위해
남편이나 아내는 서로 희생하기 바라지 말고
먼저 희생하십시오.
상대의 실수를 용서하고, 믿어주고,
이해하고, 배려하고, 긍휼을 베푸는 희생이
꼭 필요합니다.
지금, 바로 지금 말입니다.

평화는 그냥 가만히 있는 것을 평화라고
하지 않습니다. 어떤 다툼의 자리에 끼지
않는다고 해서 평화주의자라 말하지도 않습니다.
화평케 하는 사람은 개인적인 영역뿐만 아니라
이웃끼리의 다툼 속에도
적극적으로 개입해 화목할 수 있도록
애쓰는 사람입니다.

더 나아가 여러모로 갈등하는
국가와 사회까지도 평화로워지기를
갈망하는 사람을 말합니다.
바로 이것이 복 있는 사람이 사는 방법입니다.

스가랴서 9장 9절에
우리 예수님이 오시는 것은 오시는 목적 자체가
평강의 왕으로 오셨다고 말씀합니다.
우리가 복음을 받아들이고
예수님을 나의 주로 시인하는 순간
우리도 내 삶의 전역에서 평화를 유지해야만
마땅한 사람이라는 것입니다.
그러나 사람은 끊임없이 갈등합니다.
갈등葛藤의 갈은 칡 갈 자를 쓰는데 언젠가
재미 삼아 엉겨 있는 칡넝쿨을 풀어놓은 적이
있습니다. 그런데 다음 날 보니
다시 엉겨있는 것을 보고 놀란 적이 있습니다.
사람은 근본이 선하지 못하니까
둘 셋씩 놓아두면 엉켜버립니다.
가는 곳마다 누군가와 갈등하고 엉키는

사람은 얼마나 비극적인 인생입니까!
하나님이 우리에게 더불어 행복하게 살라고
이웃을 주셨는데 번번이 이웃과 갈등하는 사람이라면
그 마음에 하늘나라가 임하겠습니까?
어디를 가서 누구를 만나든
내 곁에 붙여준 사람은
하나님의 선물이라는 믿음을 가지고
화목하시기 바랍니다.
내 눈에는 탐탁지 않은 것 같아도
하나님은 나에게 필요한 사람이기 때문에
보내주신 사람입니다.

하나님은 뜻 없이 우리 인생길에
사람을 붙이지 않습니다. 나그넷길에도
동반자를 세우신 것은 하나님의 축복입니다.
그러니 만남을 축복으로 생각하고
항상 화평하십시오.
그리고 생각해보십시오.
나는 어디에 있든지 화평을 이루는 사람인지,
분란을 일으키는 사람인지 말입니다.

악을 꾀하는 자의 마음에는 궤휼이 있고
화평을 논하는 자에게는 희락이 있느니라

화평을 논하는 자에게는 기쁘고
즐거운 일이 생기게 된다고 말씀하셨습니다.
그리고 화평케 하는 자에게는 복이 있을 것인데
하나님의 아들이라 불릴 것이라고
약속하셨습니다.
우리가 세상에서 트러블메이커TroubleMaker가
아니라 피스메이커PeaceMaker 역할을 할 때
하나님의 아들이라는 말을
듣게 될 것이라는 것입니다.
피스메이커로서 용서하고, 배려하고,
희생할 때 그 모습 속에서
하나님의 모습이 나타나기 때문입니다.
화평케 하는 자가 되십시오.
무엇보다 하나님과 세상 사람들을
화목게 하는 피스메이커가 되십시오.
그것이 복입니다.

사랑하는   에게.

　　　　나, 예수로부터.

잠언 말씀에 무릇 지킬만한 것보다 너희 마음을 지키라고
말씀하셨다. 생명의 근원이 이에서 나기 때문이다. 평안하지 않은
네 마음은 마귀로부터 지킬 수가 없다. 마귀는 생명의 근원인
마음을 빼앗아 가기 때문이다. 마귀에게 빼앗긴 마음은
하루도 평안할 수가 없고 어디서든 분쟁을 일으키게 된다.
빼앗은 네 마음을 사단이 마음껏 사용하기 때문이지.
나는 너의 마음이 사단에 마음껏 이용당하는 모습을 보고
싶지 않다. 가정에서도 마찬가지다. 온갖 진수성찬이 차려진
식탁 앞에서 식구가 다투는 것보다 누룽지 한 그릇을 먹더라도
가족들과 화목한 너의 가정을 보고 싶구나.
천국은 하나님의 말씀과 사랑과 평화가 있는 곳이다.
고로 이 땅에서의 천국은 가정임을 잊지 말아라.
가정은 천국의 표본이란다. 그러므로 너는 먼저 가정에서
화목제물이 되어라. 이웃끼리의 다툼 속에도 서로
화목할 수 있도록 화목제물이 되길 원한다. 무엇보다

입으로는 교회가 하나님의 몸이라 고백하고 그 안에서
분쟁 일으키는 모습을 바라만 보지 말고 화평케 하는 자가
되길 원한다. 그런데 편을 갈라 분쟁하는 자들의 눈치만
보는구나. 그 모습이 마음이 아프다. 화평케 하는 것은
아무 말 없이 바라보는 것을 말하는 것이 아니다.
분쟁하는 자들이 화목할 수 있도록 적극적으로
개입하는 것을 말한다. 십자가에서 화목제물이 되었던
나를 따라 어디서든 기꺼이 화목제물이 되어라.
네가 화목제물이 된 곳에는 평화가 있을 것이며 하나님의
아들이라는 일컬음을 받게 될 것이다. 네가 세상에서
피스메이커로서 용서하고 배려하고 희생할 때 너는 과연
하나님 믿는 사람답다는, 그 아버지에 그 아들이라는
칭찬을 받게 될 것이다. 너의 희생하는 모습 속에서
하나님의 모습이 나타나기 때문이다.
다시 말하지만 화평케 하는 자가 되어라. 무엇보다
하나님과 세상 사람들을 화목케 하는 피스메이커가 되어라.
그것이 네게 복이다. 그러나 너의 힘으로는 어렵다.
그 힘은 네게 은혜로 주어지는 것이다. 오직 내 안에서
말이다. 그러므로 너는 하나님과 화목하여라.
내가 너를 도울 것이다.✝

나 때문에 감당할 수 없는 박해가 있을 때
불안해하거나 두려워하지 말고 천국에서의 상을 기대하며
'만세!'를 부르는 네가 되길 나는 간절히 원한다.
그런 네게 나는 큰 상을 내리기를 원한다.

의를 위하여 핍박받는 자

의를 위하여 핍박받는 자

마태복음 5장 10-12절 말씀

의를 위하여 박해를 받은 자는 복이 있나니

천국이 그들의 것임이라 나로 말미암아

너희를 욕하고 박해하고 거짓으로

너희를 거슬러 모든 악한 말을 할 때에는

너희에게 복이 있나니 기뻐하고 즐거워하라

하늘에서 너희의 상이 큼이라

너희 전에 있던 선지자들도

이같이 박해하였느니라

고난과 핍박은
기독교와 뗄 수 없는 관계입니다.
예수님과 그분의 제자들, 그리고
우리가 지금까지 보아온 믿음의 선배들을 보면
알 수 있습니다. 그들에게 고난은 밥이요,
핍박은 반찬이었다는 것을 말입니다.
예수님은
'이렇게 살라, 이렇게 하라, 이렇게 하지 마라'
말씀만 하지 않으셨습니다.
몸소 행함으로 보여주셨습니다.
그렇다고 훈련이 잘된 조교처럼
시범을 보이기 위해서가 아니었습니다.
본디 그분의 성품이 그러하셨습니다.
의를 위하여 핍박받은 자는 복이 있다고
말씀하신 예수님은
실제 의를 위하여 핍박받으셨습니다.
본격적으로 사역을 시작하시기 전,
광야에서 40일을 금식하시고
사단에 시험을 받는 것을 시작으로
십자가에 못 박혀 죽으시기까지,

그분의 영과 육은 단 하루도
편할 날이 없으셨습니다.
예수님을 메시아로 인정하지 않는 무리에 의해
자존심이 상하고 마음이 다치는 일은
예삿일이었습니다. 어떻게든
걸고넘어지려는 그들의 음흉한 눈빛 또한
언제 어디든 예수님을 쫓아다녔습니다.
예수님의 말씀마다
꼬투리를 잡고 물고 늘어졌습니다.
그때마다 예수님께서는 지혜롭게 대처하셨지만
그분을 함정에 빠트리려는 무리는
끊임없이 궤계詭計를 부렸습니다.
그리고 결국 예수님은 죄수가 되어
십자가형을 선고받으셨습니다.
십자가에 못 박히시기 전
예수님은 채찍질을 당하셨습니다.
병사는 납덩이나 날카로운 뼛조각이 달린
채찍을 무차별하게 휘둘렀습니다.
여러 가닥의 가죽 채찍이
예수님의 몸을 치고 떨어져 나갈 때마다

살점이 떨어져 나가고 피가 튀었습니다.
채찍이 지나간 자리마다
피범벅이 굴곡이 지고
허연 뼈가 드러나는 곳도 있었습니다.
극심한 고통으로
예수님의 호흡은 점점 가빠지고
정신은 혼미해졌습니다.
여기서 끝이 아니었습니다.
병사들은 예수님께
자색 옷을 입히고
머리에 가시관을 씌우며
그분을 희롱했습니다.
갈대로 머리를 치고 침을 뱉고
꿇어 절을 했습니다.
흥건한 피와 병사들이 뱉어낸 침은 한데 섞여
고통으로 자잘하게 떨리는 예수님의
몸을 타고 흘러내렸습니다.
예수님의 모습은 비참하기 이를 데 없었습니다.
그러나 그분은 단 한 말씀도
하지 않으셨습니다.

그들을 향해 주먹을 쥐지도,
노려보지도 않으셨습니다.
묵묵히 고통에 신음할 뿐이었습니다.
십자가 위에 팔을 벌리고
굵은 대못이 손목을 관통하는 극렬한 통증에도
예수님은 살려 달라 몸부림치지 않으셨습니다.
끝까지 참아내시며 오히려
저들이 자기가 하는 짓을 모르니
용서해 달라고 하나님께 선처를 구하셨습니다.
그 스승의 그 제자였습니다.

예수님께서 하늘로 승천하신 후
예수님의 제자들도
의를 위하여 핍박을 받았습니다.
참수형을 당하고, 돌에 맞아 죽고, 십자가에
거꾸로 매달려 순교했습니다.
순교한 동료들의 소식을 들으면서도
그들은 복음 전하는 것을
두려워하지 않았습니다.
헐벗고 멸시와 천대를 받는 것은

기본이요, 너무 가혹해 금지한
태장을 맞고 감옥을 오갔습니다.
하지만 그들은 그것이 영광이라 말하며
더 강해졌습니다.
오히려 더 힘차게
예수님을 전했습니다.
인간의 눈으로 본다면 그들은
아무리 생각해도 정상이 아닌 것 같습니다.
그러나 그들을 묵상하노라면
이미 마음이 천국이었던 그들에게
고통은 영광이요 기쁨일 수밖에
없었다는 것을 느끼게 됩니다.
의를 위하여 핍박받으므로
천국에서 받을 상급이 크다는 믿음과 기대가
그들을 순교의 자리까지 가게 했음도
느끼게 됩니다.
제자들과 비교했을 때
요만큼 건드리면 이만큼 되돌려주는
오늘날의 교회와 성도와는 완전히 상반된
모습이 아닐 수가 없습니다.

예전 이 땅의 믿음의 선배들은
순수하지만 강한 믿음을 보여주었습니다.
한 소녀는 교회에 가지 못하도록
핍박하는 형제들이 신발을 감추면
시린 눈을 밟으며 예배를 드리러 갔습니다.
예배를 드리고 오면 형제들은
이불을 씌우고 소녀를 깔아뭉갰습니다.
하지만 숨이 막혀 죽을 것 같은 그 순간에도
소녀는 예수님을 생각하며 견뎠습니다.
남들이 미쳤다고 손가락질해도
스무 살 처녀는 자원하여
교회 건축자금에 쓸 건축비를 벌기 위해
남의 집 부엌살이를 마다하지 않았습니다.
아무도 일어나지 않은 캄캄한 새벽에
고춧대를 뽑아 정리하고
산에서 나무를 해다 쌓아놓는 이도 있었습니다.
그렇게 하지 않으면 교회 가지 못하도록
가족들이 핍박하기 때문입니다.
목숨을 잃지는 않았지만 이들 역시
의를 위하여 핍박받은

작은 순교자들이 아닐까 생각됩니다.

그런데 이들처럼
공격을 가하고 억압을 하면 할수록
강해지는 크리스천들 때문에
사단이 전략을 바꿨다고 합니다.
가만 놔둬 보자.
배불리 먹이고
교회를 가든 말든,
기도를 하든 말든,
전도를 하든 말든 방해하지 말아보자.
그랬더니 정말 믿음이 시들해지더라는 것입니다.
그래서 소위 배부른 교회와
배부른 나라일수록
복음이 약해지는 걸 보게 됩니다.

요즘은 그저 조용하고 편안한,
종교란에 '기독교'라고 써넣을 수 있을 정도의
적당한 종교생활을 원합니다.

믿지 않는 사람들과의 식사 자리에서는
가볍게 식기도食祈禱를 패스합니다.
빈정대는 듯한 눈초리가 따갑기 때문입니다.
주일예배도 종종 건너뛸 때가 있습니다.
놀러 가는 친구들의 무리에 끼지 못하면
왕따가 될 것 같아 불안하기 때문입니다.
하나님을 믿는 줄 알면서
술 권하는 상사에게 즉각 잔을 내밀기도 합니다.
상사의 눈 밖에 나면
회사생활이 곤란하기 때문입니다.
시키지 않아도 인정받기 위해
주일도 마다하지 않고
회사에 나가 열심히 일하는 사람도 있습니다.
어떤 사람은 양심은 찔리지만
교회를 욕하면 같이 욕하고
하나님을 부정하면 한마디도 못하고
미소 짓는 이도 있습니다.

의를 위해 핍박받는 모습이란
하나도 볼 수가 없습니다.

오히려

살다 보면,

사회생활을 하다 보면

그럴 수도 있고 저럴 수도 있지 않겠느냐며

합리화를 시킵니다.

적당히 믿으면 되지

유난 떨 필요가 있냐고 반문합니다.

반면 초대 교회 성도들은

순교 정신을 가지고 있었습니다.

그들은 예수님 때문에 죽는

순교의 자리에 있을 때 영광스러워했습니다.

어떤 상황도

그들을 막을 수 없을 만큼

그들에게는 오직 예수뿐이었습니다.

바울은 복음을 전하다

감옥에 들어갔지만

억울해하지 않았습니다.

그는 차꼬가 채워진 손을 모으고

차디차고 습한 감옥 안에서

찬송을 부르고 기도를 드렸습니다.

그의 몸은 비록 감옥에 갇혔지만,

하나님을 향한 그의 마음은

가둘 수가 없었던 것입니다.

바울뿐이 아닙니다.

복음을 전하다 심한 채찍을 맞고

풀려나는 사도들 얼굴에도 기쁨이 흘렀습니다.

종아리 몇 대 맞은 것도 아닐 텐데

그들은

예수님 때문에 채찍 맞은 것을

최고의 영예로 알고 기뻐했습니다.

그리고 또다시 예수를 전하면

죽음을 각오하라는 경고를 받았음에도

그들은

성전에 있든,

집에 있든

예수님을 전했습니다.

그들에게 채찍은

타오르는 불에 붓는 기름이었습니다.

핍박이 심하면 심할수록

그들은 더욱 활활 타올랐습니다.
그들은 참 바보 같지만
참 강한 자들이었습니다.
그들에게는 예수님께서
말씀하신 의를 위하여 핍박받은 자들이
누릴 천국의 소망이 있었기 때문입니다.
우리도 강한 자들이 되어야 합니다.
우리가 전하는 복음에
능력이 나타나
사단이 안절부절못해야 합니다.
그런데 우리는 툭하면 넘어지고 주저앉고
시험에 듭니다.
사단이 후! 하고 입김도 불지 않았는데
스스로 잘도 넘어지니 문제입니다.

힘써 복음을 전하고 충성하는 자들은
주변에서 욕을 얻어먹기도 하고 왕따 당하고
비웃음을 당하기도 합니다.
교회 다니는 중고등학생들의 경우

학교 급식시간에 식기도를
거의 하지 않는다고 합니다.
그사이에 맛있는 반찬을 가져가고
"또 명상하냐? 제사 지내냐?" 하며
친구들이 놀리기 때문입니다.
그러나 그런 중에도
꿋꿋이 기도하고 빼앗기고 남은 반찬까지
나누어 주는 아이도 있습니다.
급식시간마다 스트레스겠지만
그 아이는
괘념치 않고 영광스럽게 여기며
즐겁게 견뎌냅니다.

어떤 부인은 교회를 다닌다는 이유로
남편에게 말도 못 할 핍박을 받았습니다.
남편에게 폭언과 멍이 들도록
맞는 건 예사였습니다.
여자에게 있어 제2의 정조라는 머리카락도
남편에 의해 무참히 잘려나갔습니다.
그러나 부인은

예수님을 포기하지 않았습니다.

불쌍한 남편의 영혼을 위해

기도하는 것도 멈추지 않았습니다.

그러던 어느 날이었습니다.

새벽예배를 드리러 가려고 옷을 찾았더니

옷이 보이질 않는 것이었습니다.

알고 보니 남편이

옷이란 옷은 죄다 불 질러버린 것이었습니다.

그러자 부인은

속옷만 입은 채 이불을 두르고

새벽예배를 드리러 갔습니다.

남편은 기함하며

"도대체 네가 믿는 하나님이 누구냐!"며

따라 나갔습니다.

그리고 그날 그는 성령의 강권으로

하나님을 영접했습니다.

훗날 신실한 장로님이 된 그는

자신의 핍박에도 아랑곳하지 않고

끝까지 하나님을 배반하지 않은 부인이

얼마나 고마웠을까 생각해봅니다.

이후로는 누구든지 나를 괴롭게 하지 말라 내가
내 몸에 예수의 흔적을 지니고 있노라

바울은 자신의 몸에 예수님의 흔적을
지니고 있다고 말합니다.
예수의 흔적.
참 근사한 말이라고 생각합니다.
그런데 무슨 흔적입니까?
예수님 때문에
매를 맞고,
고문을 당하고,
돌에 맞아
몸에 입은 상처와 상흔을 말합니다.
생각만으로도 살 떨리는 그 고통의 흔적이
바울은 자랑스러웠습니다.
흔적은 헬라어로 '스티그마'라고 합니다.
낙인烙印이라는 뜻이죠.
낙인은 주인이 자신의 소유임을
표시하기 위해

노예에게 찍은 불도장이었습니다.
노예가 되어
낙인이 찍힌다는 것은
인간으로서 굉장히 비참한 일입니다.
하지만 예수님 때문에 찍힌 낙인은
영광스러운 것입니다.
나에게 예수의 흔적이 있습니까?
낙인이 찍힐 각오가 되어 있습니까?
한 번 곰곰이 생각해봅시다.

세상은 자신의 이름이나 업적을
남기려 합니다.
하지만 우리는 예수님의 흔적을 남겨야 합니다.
그러기 위해서는
의를 위하여 핍박받아야 합니다.
그런데 어찌 된 일인지 우리는
핍박받는 자리보다
핍박하는 자리에 있을 때가
많은 것 같습니다.

그것도 교회 안에서 말입니다.

시기와 질투로

순수하게 예수님만을 바라보며

열심인 성도들을

핍박하는 경우가 그렇습니다.

이는 스스로 예수의 흔적이 아니라

죄의 흔적을 남기는 것입니다.

한편 핍박을 참을 수 없는 성도는

치사하고 더러워서 교회를 떠납니다.

교회가 여기만 있는 것도 아니고

내가 왜 이런 소리를 들으며 일해야 하나!

미련 없이 떠나버립니다.

인간적인 마음으로 그 마음이

이해가 됩니다. 그럴 수 있죠.

그러나 의를 위하여 핍박받은 자는 복이 있다는

말씀에 비추어 본다면

복을 받을 수 있는 모습이 아닙니다.

또한 예수님과 그분의 제자들,

그리고

의를 위하여 핍박받은

순교자들을 생각한다면
참 민망하고 부끄러운 모습이기도 합니다.
예수님의 제자들과 초대 교회처럼
핍박을 기쁨과 영광으로 여겼으면 좋겠습니다.
예수는 예수고 나는 나라고
생각하지 않는다면 말입니다.

초대 교회는
어떤 특별한 훈련을 받거나
세뇌를 당했기 때문에
박해를 견뎌낸 것이 아니었습니다.
예수님이 내 죄를 대신 짊어지고
십자가에서 죽으셨다는 것,
이 사실을
믿었기 때문입니다.
그리고 구원받은 감격에 박해가 두렵지 않고
생명이 아깝지 않았기 때문입니다.
예수님께서 말씀하셨던
산상수훈의 말씀을 믿고

천국에 소망을 두었기 때문입니다.

그런데 우리는 왜

같은 예수님을 믿고

같은 복음을 듣고도

구원의 감격도 없고

작은 핍박조차 견디지 못하는지 모르겠습니다.

예수님을 믿는 것 때문에

조금의 손해 보는 것 또한

용납하지 않습니다.

우리가 평생 따라가야 할 삶의 신조는

바로 십자가입니다.

예수님이 지신 십자가의 고난에

우리는 기꺼이 동참해야 합니다.

십자가의 고난을 겪는 것을 감사해야 합니다.

예수님 때문에

핍박받고 불이익을 당하는 그 상황을

기뻐하고 감사할 수 있어야 합니다.

영광스러운 것입니다.

예수님 때문이라면 말입니다.

그러나 우리는 할 수만 있으면
십자가를 피해 편한 길을 가려는 마음이
훨씬 큽니다.

십자가에 도가 멸망하는 자들에게는 미련한 것이요
구원을 받은 우리에게는 하나님의 능력이라

십자가의 도.
이 주님의 메시지를 전하고 따르다
손해 보고 고통당하고 억울하게 피해 보는
그 상황,
그 길을 기뻐하며 가는 것이
구원받은 우리에게는
하나님의 능력임을 믿어야 합니다.
그러므로 두려워할 필요가 없습니다.

어느 크리스천 감독이
동성애자들에 관한 내용을
다큐멘터리로 만들었습니다.

미국 공립학교에서 동성애를 가르치는
법안이 통과되면서 부모들이 항의했다가
체포되어 감옥에 가는 사건을 보고
만든 영화입니다.
이 문제가
우리나라의 코앞에도 닥쳤다고
느꼈기 때문입니다.
그는 인터뷰에서 이렇게 말했습니다.
"영화업계에서 이런 영화를 만들면 사실상
끝장이다. 그리고 실제 협박도 많이 받았지만,
협박을 받으니 더 해야겠다는 결단을 했다.
진리의 말씀이 선포되기 위해
내 커리어가 희생된다면
하나님께서
책임져 주실 것이다."
그는 피해를 볼 것을 알고 있었습니다.
그러나 기꺼이 그 길을 가기로 결단했습니다.
진리의 말씀이 선포되기 위해서
자신을 희생한 것입니다.
하나님께서 책임져 주실 것을 믿고 말입니다.

이것이 바로 십자가의 도를 실천하는
크리스천의 모습이 아니겠습니까?
내 평생에 가는 길에
십자가의 흔적이 하나도 없다면
우리는 어쩌면
가짜 크리스천인지도 모르겠습니다.
존 파이퍼 목사는
우리에게 적이 없다면
이는 거룩함을 잘 드러내지 않고 있다는
의미일 수 있다고 말했습니다.
나에게 적이 있습니까?
나의 거룩함 때문에
눈치와 미움을 받고 있습니까?
차별과 억울함을 당하고 있습니까?
그렇다면 영이 살아있다는 증거입니다.
살아있는 복음을
내가 붙잡고 있다는 증거입니다.

회식 때마다 곤욕인 사람이 있습니다.
"너 예수쟁이라서 술 안 마시지?

옆에 쪼그리고 있다가 술자리 끝나면

집에 좀 데려다줘라!"

매번 이런 식이라면 화가 날 것입니다.

하지만 평소

예수님을 믿는 사람으로서

거룩함을 드러냈기에 당하는 일이라 생각하면

기쁘고 자랑스러워해야 할 일입니다.

속도 없고 배알도 없는 것처럼

그들에게 기꺼이 거룩한 예수쟁이가

되어주어야 합니다.

어떤 분은 하나님을 믿고 난 후

동네 사람들끼리 심심풀이로 치던 고스톱을 끊고

거의 왕래도 하지 않았습니다.

구경하다 화투에 손을 댈까 봐

근처도 가지 않았습니다.

그러자

동네 사람들과 왕래가 거의 끊겼습니다.

찾는 이도, 찾아오는 이도 없었습니다.

언제부턴가

왕따 아닌 왕따가 되어 외로웠지만,
그분은 하나님을 믿는 사람이
있어야 할 자리와
있지 않아야 할 자리를
거룩하게 구별하여 지켰습니다.
이처럼
내 안에 예수님이 살아 계신다면
몸에 밴 듯 자연스럽게 십자가를 지게 됩니다.
나는 예수쟁이라는 자부심을
품고 말입니다.

때로는 노방전도를 할 때
재수 없다고 욕을 하고 대항하는 사람들을
만나게 됩니다.
그때 인간적으로 별의별 생각이 다 듭니다.
사람들 앞에서 창피스럽기도 하고
집에나 있을 걸 괜히 나왔다는 생각들이
그 자리를 떠나고 싶게 합니다.
하지만 그것은 곧 기회라는 것을
잊지 않아야 합니다.

예수님의 고난에 동참할 기회 말입니다.
그러니 비난과 따가운 시선은
기뻐해야 할 일입니다.

수원역 앞에서
드럼통을 1/3을 잘라
그 위에 서서
복음을 전하는 분들이 있었습니다.
그분들은
교대로 복음을 전했습니다.
처음부터 당번을 정한 것이 아닙니다.
누군가 복음을 전하는 것을 보고
자진하여 교대로 올라가
복음을 전하기 시작한 것입니다.
그분들은 얼마나 욕을 먹는지 모릅니다.
재수 없다고, 너나 잘 믿으라고
멱살까지 잡히기도 합니다.
심지어 어린아이들까지 욕을 하며 지나갑니다.
"에잇! 진짜 예수쟁이 재수 없어!"
그러나 그분들은 개의치 않습니다.

이 말들이 오히려

그분들에게는 힘이 됩니다.

예수님께서 십자가 위에서

자신을 조롱하는 자들을 위해

하나님 아버지께 기도했던 심정으로

자신을 조롱하는 사람들을 위해

묵묵히 복음을 전합니다.

핍박이 오히려

힘이 되어 목소리를 높입니다.

예수님의 은혜를 알며

주시겠다고 약속했던

복을

기대하기 때문입니다.

그리고 그분을 사랑하기 때문입니다.

세상은 물질의 복을 얻기 위해

주식이나 부동산에 투자를 하거나

로또를 사거나

물려받은 재산을 증식하는 등

열심히 애를 씁니다.

그러나 우리는

복을 받으려면 매 맞아라,

십자가를 져라,

욕을 먹어라,

마음이 파산되어라,

통곡하며 예수님께 나아가라고 합니다.

복은커녕 되레

손해 볼 것 같은 기분이 듭니다.

그러나 아닙니다.

의를 위하여 핍박을 받는 사람은 장차

천국에서 받을 상이 큽니다.

마태복음 5장 12절 말씀

하늘에서 너희의 상이 큼이라 너희 전에 있던

선지자들도 이같이 박해하였느니라

받을 상이 크다는 것은

상이 작은 것도

있다는 것입니다.

그렇다면 어떤 상이 크겠습니까?

받은 핍박이 크면 클수록

상이 클 것입니다.

메시지 성경에는

예수님 때문에 핍박받을 때

'만세!'를 불러도 좋다고 되어 있습니다.

예수님 때문에

밤잠을 설칠 만큼 고민이 있을 때

만세를 부르십시오.

예수님 때문에

억울함을 당할 때

만세를 부르십시오.

예수님 때문에

욕을 먹고 비웃음을 당할 때

만세를 부르십시오.

예수님 때문에

경제적인 손해를 봤을 때 돌아서서 웃으며

만세를 부르십시오.

예수님 때문에

감당할 수 없는 박해가 있을 때

불안해하거나
두려워하지 말고
천국에서의 상을 기대하며
'만세!'를 부르십시오.
기뻐하십시오.

마지막으로
세상에서 인정받고
칭찬받기 좋아하면
'의'는 포기할 수밖에 없다는 것을
명심하십시오.

사랑하는   에게.

　　　　나, 예수로부터.

너의 믿음의 선배들은 순수하고도 강한 믿음을 내게 보여주었지.
한 소녀는 형제들이 신발을 숨겨 맨발로 눈을 밟으며
나를 만나러 왔다. 그 작고 여린 발이 얼마나 시렸을까?
형제들이 이불을 뒤집어 씌웠을 때 그 안은 또 얼마나
숨이 막혔을까? 그때 나를 생각하며 견디던 소녀의 모습을
잊지 않고 기억한다. 아무도 일어나지 않은 캄캄한 새벽에 어둠을
더듬어 밭일을 끝내고 서둘러 교회로 달려가던 그 청년,
남편의 손에 머리카락이 잘려나가는 중에도 찬송을 부르며
끝까지 나 예수를 버리지 않았던 여인의 모습을 기억한다.
그럼에도 남편을 원망하지 않고 그를 위해 기도하며 흘린
눈물이 나의 마음을 적시던 날들 또한 기억한다.
그리고 순교하는 순간마저 기꺼이 즐거워하고 기뻐했던
온 땅의 순교자들을 나는 한 사람도 잊지 않고 기억한다.
그런데 너는, 너는 내게 무엇을 기억하게 해줄까?
적당히 종교생활 하는 모습을 기억하게 할까?

나를 믿는 것이 창피해서 식사기도조차 하지 못하는
그 모습을 기억하게 할까? 상사의 눈 밖에 나는 것이
두려워 술잔을 기울이는 모습을 기억하게 할까?
의를 위하여 핍박받는 모습이 아닌 믿지 않는 사람들과
나 예수를 핍박하는 모습을 기억하게 할까?
너를 사랑하는 나는 과연 너의 어떤 모습을 가장 많이
기억하게 될까? 나는 네가 바울처럼 나의 흔적을
남기길 원한다. 매를 맞고 고문을 당하고 돌에 맞아
몸에 입은 상처와 상흔이 자랑스러웠던 바울이 바로
네가 되길 원한다. 나 때문에 밤잠을 설칠 만큼
고민이 있을 때 만세 부르는 네가 되길 원한다.
나 때문에 억울함을 당할 때 만세 부르는 네가 되길 원한다.
나 때문에 욕을 먹고 비웃음을 당할 때도 만세 부르는
네가 되길 원한다. 나 때문에 경제적인 손해를 봤을 때
돌아서서 웃으며 만세 부르는 네가 되길 원한다.
나 때문에 감당할 수 없는 박해가 있을 때
불안해하거나 두려워하지 말고
천국에서의 상을 기대하며 '만세!'를 부르는 네가 되길
나는 간절히 원한다. 그런 네게 나는 큰 상을
내리기를 원한다. 간절히.✝

그러므로 무엇이든지 남에게 대접을 받고자 하는 대로
너희도 남을 대접하라 이것이 율법이요 선지자니라

마태복음 7장 12절 말씀